Contemporary Classics

今こそ名著

学問のすすめ

独立するということ

福澤諭吉

道添進◎編訳

日本能率協会マネジメントセンター

まえがき

大学で学んだことの半分近くは、十年もすれば時代遅れになると言われる。ロボットやＡＩに取って代わられる仕事もあれば、まだ知らない新しい職種も生まれてくることだろう。どっちにしても、学校を出たらそれで学びは終わりというわけにはいかなさそうだ。私たちは一度身につけたことにとらわれず、柔軟に変わっていかなければならないが、その変化はやはり学ぶことから始まる。

国民皆学を目前にして『学問のすすめ』は書かれた。学びを経験したことがなかった人々に、平等な世の中になったのだから、これからは学問によって将来を切り開いていこうと説いた本だ。その学問は一人ひとりの存立基盤となり、ひいては産業を起こしたり、社会のしくみをよくしたり、実際に役立つものでなくてはならない。学問をこれから始める人だけでなく、学者たちにも福澤諭吉は繰り返し語りかけている。

絶えず学び直すことによって知識や技能を磨き、仕事に活かすことが求められている現代の私たちにとっても、『学問のすすめ』は一生を通じて学んでゆくための案内書として読めるのではないだろうか。これから社会人になる人やリーダーシップを発揮する世代はもちろんのこと、人生百年時代となって生涯現役を志すことになった人の、学びのその先を考える際に役立つトピックがこの本の中では展開されている。百五十年近く前の筆者が、これほどまでに私たちの時代を見通していたのかと驚きだ。

さまざまな気づきがつまっているなかで、とりわけ大切と思われるのがこの現代語訳の副題としてつけた「独立するということ」という言葉だ。学問と独立とはひと続きになっていて、組織やチームで働き、学びながら一人立ちしていくこと。余力があれば他の人が独立するよう手助けすること。若い人なら親からの独立もあるし、老いては子どもからの独立ということだろう。一人ひとりが独立を果たすことで組織も、さらには一国も独立した存在でいられる。

そんな作品だからこそ時代を超えて読み継がれてきたのだろう。ありがたいことに、名著には関連した研究機関というものがある。本書の編集に際しては、慶應義塾福澤研究センターの都倉武之准教授に貴重なお話をうかがうことができた。この場をお借りして謝辞を申し上げたい。

そして、本書を手にしてくださった、いまだ学びの途にあるあなたに感謝するとともに、この言葉を贈りたい。社会人にこそ『学問のすすめ』なのである。

二〇一九年五月

道添　進

学問のすすめ　独立するということ◎目次

第1部　名著『学問のすすめ』とは

第2部 現代日本語訳で読む『学問のすすめ』

第十三編

第十四編

第十七編

第3部　福澤精神から学ぶべきこと

第1部

名著『学問のすすめ』とは

1 『学問のすすめ』の時代背景

●空前のベストセラー

「過ぎ去った夏の暑さを忘れられず、冬の初めに蚊帳《かや》を買い込む」（第十四編）。この一文は、実用にならないものや、賞味期限切れの古い教えに、時代が代わってもなおしがみつく愚かさを批判したものだ。また、「事をなすためには時勢にかなっているか、そうでないかが関わってくる」（第九編）をはじめ、本書のあちこちで福澤は時勢の大切さを語っている。『学問のすすめ』もまた、この時勢と合致し、結果的に空前の大ヒット作となったと言えるのではないだろうか。

『学問のすすめ』は一八七二（明治五）年、初編が出版された。それから四年九か月にわたって順次、第十七編まで揃ったところで完結した。『福澤全集緒言《ふくざわぜんしゅうしょげん》』の中で、『学問のすすめ』は累計三百四十万部、当時の日本人の十人に一人が読んだと記している。これはずいぶんとおおざっぱな部数だというが、数字を重視した福澤らしく、自分自身で算出したそうだ。それでも、少なく見積もったとしてもこの当時としては類をみない発行部数で、大ベストセラーの地位はゆるぎない。

もっとも、本人は一発ヒットを出してやろうという野望は持っていなかったという。『学問のすすめ』が書かれた理由は、意外なところにあった。

もともとは一八七一（明治四）年の暮れに、中津市学校《なかつしがっこう》ができたことがきっかけだったという。ここは事実上、慶應義塾の分校であり、その開校に寄せて福澤は、これからは誰もが勉強しなくてはいけないという布告のような文書を地元の人向けに書いたのだが、この文書が、『学問のすすめ』の初編のもとになったようだ。

●どの編から読んでもおもしろい

すると、この内容が評判を呼び、一般にも読んでもらおうということになり、翌一八七二（明治五）年に出版されることになった。このいきさつは初編でも述べられている。

本といっても、ぺらぺらのパンフレットのような体裁だった初編。それが、この名作の原点だ。しかし、そこからがすごかった。初編を総

福澤諭吉
（慶應義塾福澤研究センター提供）

論とするなら、第二編からは、各論を展開する形となった。毎回、思わず読み手を引き込むトピックを掲げたり、西洋の書物をかみ砕いて織り交ぜたりしながら、あるときは中津の旧友たちに、あるときは慶應義塾の学者仲間に向けて続編が出され続けた。

そういう意味で、この本はまったく、体系立っていない。「前編ではこういうことについて触れたが、ここではもっと詳しく語ろう」といった、各編のリンク的な箇所もあるにはある。けれども、初編を最初に読めば、あとはどの編から読んでも差し支えなく、また、おもしろい。福澤自身、『学問のすすめ』は、「文明の切り売りだ」と述べている。だが主張していることがらは、けっしてその場の思いつきではない。そこには、福澤が生涯、抱き続けた思想がちりばめられていた。

●思想家・福澤諭吉の誕生

『学問のすすめ』は、それまでの福澤の著書と決定的に違っている点があるという。それは、「日本人はこうあるべきだ」という明確な主張を盛り込み、独自の思想として表明していることだ。『学問のすすめ』初編の出版に先立つこと六年前、福澤は『西洋事情《せいようじじょう》』の初版を出版し、二十万部以上売れたとされる。この本は進歩した西洋の文物を紹介した、どちらかと言えば見聞録のような内容だった。当時の日本人にとっては、そこに描かれた西洋の世界は夢物語のようで、とても追いつこうという行動にまでは結びつかなかっただろう。

やがて明治維新を迎え、一八七一（明治四）年、廃藩置県《はいはんちけん》が断行された。翌年には学制も公布されて、明治政府は矢継ぎ早に新しい政策を打ち出していった。いよいよ新しい時代が動きはじめたのだ。これが、時勢、気運というものなのだろう。西洋の進んだ文明はもはや夢物語ではない。私たちもそこを目指そう。その方向性を明確に示したのが、『学問のすすめ』だったのだ。この本をもって思想家、福澤諭吉が誕生したと言われるのは、そうした理由からだ。

●教育制度のグランドデザイン

初編が発行されてからほどなく、明治政府は「学制布告書」という布告文を出した。これは、政府がどういう趣旨で学校制度を作ったかを示したものだ。その内容が、『学問のすすめ』の初編ととてもよく似ていることが、研究者の間では知られている。

そのポイントは三つあり、「これからは皆が教育を受ける必要があること」、「実際に役に立つ学問を学ぶこと」、そして「独立した個人となるために学問を役立てること」である。しかも、のちに作られた教育勅語と違って、「学制布告書」は、角張ったところがない。血の通った人の言葉で語りかけられている点も、『学問のすすめ』の初編と似通った点だと言われる。

この趣意書は誰が記したかは明らかではないが、起草する際には『学問のすすめ』を参考にしたであろうことは想像に難くない。当時、すでに教育者としての福澤の名声はゆるぎなく、「文部省（今の文部科学省）は竹橋《たけばし》にあり。文部卿（文部大臣）は三田《みた》にあり」と言われた。もちろん三田とは福澤の住まいであり、慶應義塾の学び舎がある場所だ。

また、『学問のすすめ』は、教育だけでなく、法律を守ること、税金を払うこと、政府を友として文明を進歩させること——それぞれの続編にこうした主張を盛り込み、当時の明治政府を応援していったと言えるだろう。

2 なぜ不朽の名作となったか

●大反響と大批判

『学問のすすめ』の中で福澤は、とりわけ儒学や孔子、儒学者には容赦のない筆法をふるっている。冒頭の「蚊帳」の例えもそうだが、この本の読み物としてのおもしろさと言えるだろう。当然のことながら、『学問のすすめ』がたくさんの人々に読まれれば読まれるほど、反発する人も増えてくる。

ただ、儒学側からの反論は、意外にも正面切ってのものは少なかった。むしろ、国学の立場からの反論が目立った。

たとえば福澤と同時代を生きた犬塚襲水《いぬづかしゅうすい》という国学者が、『糾駁学問勧箚《きゅうばくがくもんかんとう》』という本を一八七五（明治八）年に出している。タイトルを直訳すると、「学問のすすめを糾弾し反駁する上申書」だろうか。西洋を盲信してはいけないとか、儒教をおろそかにすべきでないといった批判ももちろんある。けれどもこの反論本を含め、多方面からの反発を浴びたのが第六編と七編に記されているある記述だった。

ここで福澤は、忠臣蔵《ちゅうしんぐら》の四十七士を「命の捨てどころを知らなかった」と言いきっている。また、主人からあずかった一両をなくし、首をくくってしまった権助《ごんすけ》の挿話（第七編）は、どういうわけか楠木正成《くすのきまさしげ》の討ち死にを挑発していると捉えられ、「楠公権助論」という論争にまでなった（なお、『糾駁学問勧箚』では第七編への批判はなかったが、新聞への投書など批判が多数寄せられ

宗吾霊堂（東勝寺）

いわゆる「楠公権助論」の最後で福澤が褒め称えた佐倉宗五郎を祀っている。このことがきっかけとなり、宗五郎は民権家の模範として度々称揚された。

たとされる)。さすがの福澤もこの部分については、『朝野新聞』に「慶應義塾五九樓仙萬」の筆名で弁明文を投稿するとともに、一八七五(明治八)年に出版した『文明論之概略』で、フォローしている。

一方、第四編で「学者はすぐに政府のポストに就きたがる。民間にとどまって文明を進歩させ、世の中に手本を見せるのが学者の使命ではないか」と、学者に語りかけている。この「学者職分論」に対して異議を申し立てたのが、後に初代文部大臣を務めた森有礼《もりありのり》や、官僚であり哲学者でもあった西周《にしあまね》などである。彼らは明六社《めいろくしゃ》という学識者の団体に属しており、実は福澤もそのメンバーだった。森や西など政府に活躍の場を求めた学者たちは、「学者が民間にあるのもそうだが、政府に仕えるのも無意味ではない」と反論した。それは真っ向からの反論ではなかったけれども、学者のあり方をめぐって活発な議論を呼んだ。

●福澤マジック

このようにいろいろな方面に問題意識を喚起した『学問のすすめ』だが、不思議なことに、冒頭のもっとも有名でインパクトがある「天は人の上に人をつくらず」の部分はほとんど批判がなかった。

「これこそ福澤マジックですね」と語るのは、慶應義塾福澤研究センターの都倉武之准教授だ。この出典はアメリカの詩人の一節だという説から、真贋論争が巻き起こった津軽地方の古文書だという話までいろいろあるが、鉄板の解釈とされているのはアメリカ独立宣言からの引用だという説である。ニュアンスとしては「天は人の上に人をつくらず…と、欧米では言われている」というところだろう。

「この一行を大前提にしているところが、私はすごいと思います」と都倉先生は語る。本をめくった途端、「そうか、人は平等なんだ」と、すんなり腹に落ちてくる。そこがこの本の出発点となってしまうのだ。

むしろこの部分の批判は、今の世の中のほうが目立つかもしれない。「貧富や地位の上下があるのは、その人に学問があるかどうかの違いで、権利は皆平等だ」ということを、初編から第二編にかけて強調している。今の感覚からすれば、格差社会を認めているではないかとも映る。実際、そのような批判は多いようだ。

けれども、明治のはじめは、まだ身分差別の社会だった。格差社会に悩むというのは、当時としてはむしろ贅沢。実力で貧富の差をつけるなど不可能な社会だった。そんな、身分で人生があらかた決まっていた社会を、「これからは実力で勝負できるんだ。なぜなら人間は平等だからだ」と、福澤は語りかけている。そこに当時の人は共感したからこそ、幅広く読まれたのだろう。

●名調子にしてクリティカル

味わいのある文体もまた、福澤マジックのひとつだと言える。平等、独立、権義（権理通義、いわゆる権利のこと）といった当時の人々にとっては聞き慣れない言葉も、あたかも著者自身が読者と膝をつき合わせているような、親しみやすい語り口で述べている。ときには、落語の枕のようなたとえ話を交えながら、難しいテーマをわかりやすく説いてくれる。

この独特のリズム感は、漢学を究めた人独特のものかもしれない。また、最初に言いたいことの概略を述べ、アイデアを展開していくという筆の運びは、英文の論文などにみられるパラグラフライティングに共通するものがある。だから、批判の中身が明確で、わかりやすいのではないだろうか。

●メディアを作った福澤諭吉

たくさんの人が『学問のすすめ』を手にすることができたのは、ある理由がある。幕末当時から、福澤は出版のあり方について疑問を抱いていた。江戸時代、原稿を書いたら、版元に持ち込む。著者はいくらかの原稿料を得て、あとは版元の権利になった。文字通り、版を物理的に持っている者が版元で、いくら本が売れようが著者に印税は入ってこなかった。

そこで福澤は書くだけでなく、版元も始めた。彫り師や摺り師を雇い、紙の仕入れも自分たちで行った。「福澤屋諭吉」と名乗り、書物組合にも登録した。このようにして、本が売れると著者も儲かる仕組みを作ったのだ。これはすでに『西洋事情』を書いた頃から、実践していたのだという。

なぜ、著者の利益を確保することにこだわったのかというと、それによって本を出そうとする人も増えてくると考えたからだ。本書の第四編や五編などでも「学者は本を書こう」とさかんに奨励しているように、本を出すことは世の中に議論を広く巻き起こすことにつながる。それを自ら実践し、手本を示したのである。

さらに福澤は、書き手がモチベーションを保てるよう配慮した。『学問のすすめ』が売れてくると、偽物がかなり出回った。これを野放しにするわけにはいかず、著者だけでなく、出版するものの利益を守っていかなければならない。そこで彼は、政府に海賊版の取り締まりを要請した。その結果、日本では早い段階で著作権が確立していった。そのため福澤諭吉は、著作権の父とも言われている。

●統計から見えてくる本当の実力

『学問のすすめ』には、今ならさしずめこんな課題があてはまりそうだという、読者の気づきを誘うトピックが全編にちりばめられている。中にはそのものずばりの話題もある。たとえば、統計がいかに大切かについてだ。

福澤のデビュー作は、一八六〇（万延元）年に翻訳した『万国政表《ばんこくせいひょう》』だと言われる。途中まで本人が記し、後を適塾時代の後輩で、最初の門下生と言われる岡本博卿《おかもとはくけい》（後の古川正雄《ふるかわまさお》）に託した。「政表」とは統計のことで、万国の統計の本である。この国の人口は何人で、面積はどのくらいといった、ただリストを並べただけの、一見、退屈そうな本だが福澤の関心は、こういう統計というものによって、物事の普通の状態をマクロに眺めることができる点にあった。戦争が起こってどっちが勝ったとか、暗殺によって統治者が代わったとかそういう非常時ではなくて、平常時の状態がどうか。それこそが文明、その国のレベルを決めるのだという考えだ。

統計にもとづいて国の力を他国と客観的に比べていかないと、どうなるか。本書の第十二編では、かつての文化大国インドと、武勇を誇ったトルコが衰退していったことをその例として挙げている。

データに基づいて実証的に状態を把握するというやり方は、商売の分野でも十分ではなかった。江戸時代が終わっても、会計といえば秘中の秘。それぞれの商家の独自のルールで帳簿がつけられていて、勘定を担当する人にしか経営の内情はわからなかった。その例は、第十一編に語られている。

ある商店では旦那しか商売の仕組みを知る者がいない。いったい儲かっているのか、損をしているのか。使用人たちは朝から晩まで旦那の顔色をうかがい、それでもって判断する。旦那の顔に笑顔が浮かんでいるときは、商売もまずまず。旦那が眉間にしわを寄せているときは、かんばしくないというわけだ。

秘密ではなく、同じルールでオープンにすることによって、皆が同じ問題意識を共有でき、世界と戦える組織になっていくと、福澤は考えた。そうした影響か、のちに大政治家となった犬養毅や尾崎行雄といった慶應義塾の門下生も、政府の統計院からキャリアをスタートさせている。

③

福澤諭吉の生涯

●「無念の父」という心象風景

ここで、福澤諭吉の生涯のうち、節目となる部分をたどってみたい。

一八三五年一月十日（天保五年十二月十二日）、福澤は大坂で生まれた（明治維新以後、「大阪」と改称）。後年、諭吉が大きくなってから伝え聞いたことになのだろうけれど、この物心つく前の大坂時代が、人間形成に大きく影響を与えていると見ることができる。

父、百助《ひゃくすけ》は豊前中津藩の下級武士でありながら有能な人で、とりわけ金勘定が得意だった。それで、大坂で蔵屋敷を任されていた。けれども、本当は「武士は食わねど高楊枝」を地で行くような人物で、儒学は好んで勉強したけれど、商売はいやで仕方がなかった。何度も異動願いを出してはみるが、彼ほど有能な人も見あたらず、蔵屋敷の仕事をずっと任され、福澤家は家族そろって大坂の人になりきっていた。そして諭吉が二歳（満年齢、以下同）になる前に、父は亡くなった。諭吉は、この「無念の父親」という存在と、金という問題を結びつけ、それを原風景として抱いていたようだ。

むろん、父の血を受け継いで、金に関してはとても清潔で細かく、個人的な借金はぜったいにしなかった。晩年の『福翁自伝』の中でも、「今まで借金などしたことがないから、もし借用証書があるって言うんだったら、百万円で買おう」と語っている。自らつけた家計簿も残っている。こうした金に対する潔癖さが、『学問のすすめ』でもしきりに述べている経済的な自立につながっていくし、統計の大切さにも結びつくのだろう。

父の死後、一家は中津に移り住んだ。十二、三歳頃と遅めのスタートだったが、諭吉は儒学を学び、ひとかどの漢学者というレベルまで一気に到達する。それから十九歳のとき、砲術を学ぶという名目で長崎に行き、蘭学を学んだ。

●難しきことをひたすら面白く

福澤の人生にはいくつものハイライトがあるが、そのひとつが二十歳のときにやってきた。彼は長崎からふたたび大坂へ向かい、オランダ語を学ぶため、適塾《てきじゅく》（正式名称は適々斎塾）の門を叩いたのだ。この学塾は幕末に蘭学者の緒方洪庵《おがたこうあん》が開いたもので、オランダ語の習得を通じて西欧の医学や科学にふれる自由闊達な学びの場だった。緒方洪庵の高潔な人柄とともに、適塾は全国から秀才を引き寄せ、大村益次郎《おおむらますじろう》、大鳥圭介《おおとりけいすけ》、橋本左内《はしもとさない》など、まもなくやってくる新生日本を引っ張っていく人材を輩出した。

適塾では、中級以上になると、もう誰にも教わらず自学自習を行い、「会読《かいどく》」に参加する。これはひと月に六回ほど開催され、予習の結果を発表するという授業だ。上級生がその出来映えを白丸か黒丸で採点し、三回続けてその級でトップなら進級する。福澤はどんどん頭角を現し、入塾二年後には、塾頭になっていった。

そんなきびしい塾ではあったが、塾生らの素行についてでは洪庵はいたって鷹揚だった。とりわけ会読の猛勉強が終わると、塾生たちは皆羽目を外した。夜店の提灯をたたいて破ったり、往来でわざと喧嘩のまねごとをする。「わっ、塾生たちがやってきた!」と、近隣の商店は慌てて戸を立てたという。

適塾
(大阪大学適塾記念センター提供)

また、医学だけでなく書物を通して理科全般の知識が増えてくると、実際に化学薬品の調合をしてみたくなる。そこで徳利に動物の骨などを詰めて焼き、硝酸アンモニウムの生成に挑戦したりしていた。これが異臭を放ち、近所中の大ひんしゅくを買った。

このように適塾では、がむしゃらに学び、学んだら片っ端から実践してみる。福澤らのモットーは「難しきことを、ひたすら面白く」だったという。

また適塾には、藩から派遣された武士もいれば、町医者の子供もいた。さまざまな身分の若者たちの寄り合い所帯だったが、学びに関しては徹底した実力主義だった。これは当時としては異例のことで、「天は人の上に人をつくらず…」の世界がすでに実現していたことになる。

●学ぶ側から教える側へ

一八五八（安政五）年、福澤は中津藩に請われ、江戸鉄砲洲《てっぽうず》の藩邸で蘭学塾を開くことになった。ここからは、教育者としての本領を発揮していく時代と言えるだろう。

そんな中、福澤は横浜で衝撃的な出来事に出くわす。居留地の外国人の間ではオランダ語がまったく通じなかったのだ。時代は英語だと痛感し、ふたたび猛勉強を重ねた。そして英語にも精通しているという触れ込みで、一八六〇（万延元）年、幕府が派遣する軍艦の咸臨丸で米国に行くことになった。この渡航を含め、米国に二回、欧州に一回渡っており、貴重な経験を積むことができた。

帰国後、諭吉は幕府の外交文書を翻訳する役職についた。そして、日本のきわめてあやうい立場を改めて知ることになる。『学問のすすめ』の中で、個人が独立することが、国家の独立を支えると力説しているのも、世界における日本の立ち位置を、しっかり把握していたからなのだろう。

一八六三（文久三）年、福澤は蘭学から英学に切り替え、本格的な学びの場を開塾した。一八六八（慶応四）年には、芝の新銭座に移転し、「慶應義塾」と名付けた。一八七一（明治四）年に現在地の三田に移転し、その翌年に『学問のすすめ』の初版が出版されることになるのである。そして、学校経営のみならず、社交クラブの交詢社や新聞社の時事新報社を設立するなど、在野の立場から日本の近代化推進に向けてさまざまな活動を行った。

●希望が芽生える時代に開く本

最後に、『学問のすすめ』刊行後の反響を駆け足でたどってみよう。テキストが少なかった明治時代の一時期には、学校教科書にも採用されたという。が、それも長い間というわけではなく、一八七七（明治十）年頃には、自由民権運動の反動というかたちで、自由主義的な思想は退けられ、『学問のすすめ』も次第に敬遠されるようになっていった。

明治時代の中期以降は、だんだん国家主義や軍国主義に流れが変わっていき、『学問のすすめ』は、もはや古典のひとつのような存在になっていった。さらに昭和の戦時下では、敵国である英米文化のシンパとみなされた。

ところが第二次大戦後、『学問のすすめ』はふたたび注目をあびることになった。新しい民主国家を作るうえで、もういちど「天は人の上に人をつくらず」が、人々の心に共鳴したのである。

福澤研究も、慶應義塾のみではなく、さまざまな大学の政治学、経済学、教育学、哲学などの研究者が取り組んできた。戦後には、政治思想史の大家である東京大学の丸山眞男《まるやままさお》が福澤を市民的自由主義者として高く評価したが、自由主義者ではなく国権論者であるなどの反論も出てきたりと、長く議論の対象となっている。

このように福澤諭吉をめぐって論争が起こり、さまざまな評価が生まれたこと自体に、大きな意味があるのではないだろうか。日本の近代をどう捉えるべきかを考える際に、福澤諭吉があたかも触媒のように作用し、多様な意見を醸成する端緒となっているように思えてならない。

また、『学問のすすめ』や『福翁自伝』などは、一般向けの伝記として今もコンスタントに読み継がれている。多くのビジネスパーソンが愛読しているのは言うまでもない。

私たちは福澤を通じて「今」を考え、将来にむけて発想を転換するきっかけをつかむことができるとも言えるだろう。その意味で、あらためて『学問のすすめ』を紐解く意義は大きい。

年	福澤諭吉に関する出来事	社会の出来事
一八三四（天保五）	天保五年十二月十二日（一八三五年一月十日）、大阪の中津藩蔵屋敷で生まれる。	
一八三六（天保七）	六月、父百助死去。一家は中津に移り住む。	
一八五三（嘉永六）		ペリー、浦賀に来航
一八五四（安政一）	蘭学を志し、長崎に遊学。	日米和親条約
一八五五（安政二）	長崎を去り、大坂の緒方洪庵の「適塾」に入る。	
一八五六（安政三）	兄三之助死去。家督を継ぐ。	蕃書調所設置
一八五八（安政五）	藩命により江戸へ出府、鉄砲洲の中津藩中屋敷内に蘭学塾を開く（慶應義塾の起源）。	日米修好通商条約、安政の大獄始まる
一八五九（安政四）	オランダ語が通じないことを知り、英語の勉強を開始。	横浜開港
一八六〇（万延一）	咸臨丸に乗り、渡米。帰国後幕府の外国方に雇われる。『万国政表』『増訂華英通語』刊行。	桜田門外の変
一八六一（文久一）	中津藩士土岐氏の娘、錦と結婚。後に四男五女をもうける。	米・南北戦争勃発（〜一八六五）

一八六二（文久二）	渡欧、フランス・イギリス・オランダ・ロシア・ポルトガルの六カ国を訪問。	生麦事件、米・奴隷解放宣言
一八六三（文久三）	蘭学塾を英学塾に転向。	緒方洪庵死去
一八六四（元治一）	正式に幕臣になる。	禁門の変、第一次長州征討
一八六六（慶応二）	『西洋事情』初編刊行。	薩長同盟成立、第二次長州征討
一八六七（慶応三）	再び渡米。	大政奉還
一八六八（慶応四）	塾を芝新銭座に移し、慶應義塾と称す。	戊辰戦争、五箇条の御誓文、明治改元
一八七〇（明治三）	断髪。「中津留別の書」脱稿。	普仏戦争、平民の苗字許可、横浜毎日新聞創刊
一八七一（明治四）	慶應義塾を三田の旧島原藩邸に移す（現在地）。中津市学校開設（〜一八八三）。	ドイツ帝国成立、平民の乗馬許可、郵便開始、廃藩置県

一八七二（明治五）	『学問のすすめ』初編刊行。	学制発布、新橋―横浜間で鉄道開通、富岡製糸場操業開始、太陽暦に改暦
一八七三（明治六）	明六社結成に参加。『帳合之法』初編刊行。	徴兵令施行、地租改正、征韓論政変
一八七四（明治七）	母お順死去。	民撰議院設立建白書、佐賀の乱
一八七五（明治八）	三田演説館開館。『文明論之概略』刊行。	新聞紙条例・讒謗律
一八七六（明治九）	『学問のすすめ』完結。	不平士族の反乱続く
一八七七（明治十）		西南戦争、東京大学開設
一八七八（明治十一）	最初の東京府議会議員に選出。	大久保利通暗殺
一八七九（明治十二）	東京学士会院の初代会長就任。	教育令公布
一八八〇（明治十三）	交詢社設立。	集会条例公布
一八八一（明治十四）	政府機関新聞発行計画、明治十四年の政変により頓挫。	明治十四年の政変 国会開設の詔
一八八二（明治十五）	『時事新報』創刊。	東京専門学校（後の早稲田大学）創立

一八八九（明治二二）		大日本帝国憲法発布
一八九〇（明治二三）	慶應義塾に大学部設置。	教育勅語発布、第一回帝国議会
一八九二（明治二五）	北里柴三郎の伝染病研究所設立に尽力。	
一八九八（明治三一）	『福澤全集』刊行。脳溢血で倒れるも、回復。	第一次大隈内閣
一八九九（明治三二）	『福翁自伝』刊行。	著作権法制定
一九〇〇（明治三三）	『修身要領』発表。大晦日に世紀送迎会を開催。	北清事変
一九〇一（明治三四）	一月二五日、再び脳溢血で倒れ、二月三日、死去。	日本女子大学校創立

※『学問のすゝめ』（福沢諭吉／伊藤正雄校注、講談社）『福沢諭吉』（ひろたまさき、岩波現代文庫）などを参考に編訳者作成。なお、明治五年の改暦以前は和暦を元に記載しており、西暦と一致していない点がある。

※第2部の現代日本語訳の作成にあたっては、『学問のすゝめ』（福沢諭吉 著　小泉信三 解説　岩波文庫）をもとに、さまざまな訳書を参考にした。また、読みやすさを考慮し、適宜、見出しなどを加えた。

第 2 部

現代日本語訳で読む『学問のすすめ』

合本『学問のすすめ』について

この本は、私が読書の合間に書き記してきたものだ。明治五年二月に書いた初編から始まり、明治九年十一月に出版した第十七編で完結した本である。

発行部数は今日に至るまでにおよそ七十万冊で、そのうち初編は二十万冊も読まれた。これに加えて、これまで著作権の扱いがずさんだったため、偽造版がさかんに出回ることになった。そちらの方も十数万部ぐらいにのぼるだろう。かりに初編の正規版と偽造版とをあわせて二十二万部とし、これを日本人の人口三千五百万人に割り振ってみると、国民百六十人に一人はこの本を読んだことになる。

これは今日にいたるまで類を見ない発行部数であり、いかに日本人が学問に取り組むようになったかが見てとれるだろう。

本書に記した論説は、その折々にとり急ぎ触れておかきたかった題目もあれば、はるか日本の将来に見据えながら記したものもある。ともかく手早く筆を進めたものなので、編によっては考えが浅い部分があったり、配慮が行き届いていない箇所もあるかと思う。

また、こうして各編を一冊にまとめて通読してみると、論旨が前後で一貫していないような箇所もなくはない。けれどもそこは気持ちを落ち着かせ、文章そのものよりもその意味を味わっていただきたい。大筋としては、さほど食い違ってはいないとわかっていただけるだろう。

本書は出版してからすでに九年が経った。先取りの気性に富んだ学徒の皆さんなら、分冊で出版してきた各編を読んでいることだろうから、あらためて合本を読むには及ばない。

ただ、この合本は、これから伸びてゆこうとする後輩のためにまとめたものだ。そのような思いもあって、簡単にこの本の来歴や成り立ちについて記してみた。

明治十三年七月三十日

福澤諭吉

初編　天は人の上に人をつくらず、人の下に人をつくらず

・昔の身分制度はもはや存在しない。賢い人か愚かな人かどうかは、学んだかそうでないかの違いなのである。
・「実学」とは、事実をしっかりと押さえて物事の道理を学ぶことである。そしてそれを活用して、今必要な目的を達成することが重要である。
・世界の国々と互いに学び合い、平和を維持することが大事である。ただし、国が辱めを受けたならば、一致団結して国の威信を保つべきである。
・もし政府に不満があるのであれば、正々堂々と議論をすべきである。

●なぜ人に差が付くのか

「天は人の上に人をつくらず、人の下に人をつくらず」と言われている。天が人を生みだす際には、誰もが同じ権利を持ち、生まれによる身分の上下はない。万

天は人の上に人をつくらず、人の下に人をつくらず　アメリカ独立宣言の一節（All men are created equal）が由来だというのが通説。詳しくは第1部参照。

物の霊長にふさわしく、皆が身体や心を働かせて、この世のさまざまなものを利用し、衣食住を満たすことができる。お互いに邪魔をせず、一人ひとりが自由にこの世を生きていけるよう、天は差配しているという意味である。

けれども実際、広くこの人間世界を見渡すと、賢い人もいれば、愚かな人もいる。貧しい人や裕福な人、家柄のいい人や、そうでない人もいる。その有様を見ると、どうしてこんなに雲泥の差があるのだろうか。

実は、その理由はとてもはっきりしている。『実語教《じつごきょう》』という本には、こんなことが書いてある。「人は学ばなければ知恵がつかない。知恵がなければ愚か者にすぎない」。つまり賢い人か愚かな人かどうかは、学んだかそうでないかの違いなのである。

●学問の差が地位の差につながる

世の中には難しい仕事もあれば、簡単な仕事もある。難しい仕事に従事する人は地位の高い人で、簡単な仕事につく人は地位の低い人だ。頭も使えば心労も絶えない仕事は難しいが、手足を動かすだけの仕事は簡単だ。だから医者、学者、政府の役人、あるいは大きな商売をする町人、たくさんの奉公人を使う大百姓な

『実語教』 当時寺子屋などで教えられていた道徳の教科書。原文は「人学ばなければ智なし、智なき者は愚者なり」とある。

どは、地位が高く重責のある人だと言える。そういう人はおのずと家も裕福になり、地位の低い人にとっては足元にも及ばないようにも見える。けれども元をたどれば、それは単にその人に学問があるかどうかの違いで、決して天が定めた約束事ではない。

格言にもこうある、「天は富や地位を人に与えるのではなく、人の働きに応じてこれを与える」と。したがって先ほども言ったように、人には生まれながらの身分差はないし、貧富の差もない。ただ、学問に励んで物事をよく知る人は、地位が高くなって裕福になる。無学な人は貧乏人になり、地位も低いのだ。

●実学とは何か

ここでいう「学問」とは、ただ難しい字を知っていたり、わけのわからない古文が読めたり、和歌を楽しんだり、詩を作ることができたりといった実用性がない学問のことではない。確かにこうしたものは人々の心を楽しませるという意味では、世の中では役立ってきた。けれども、儒学者や国学者らが言うほどありがたがるものでもない。

昔から漢学者で世帯をうまく営んでいける人は少なかったし、和歌が上手で商

天が人に与えるもの
アメリカの学者、政治家、著述家であるベンジャミン・フランクリン（Benjamin Franklin, 一七〇五～一七九〇）の言葉。福澤自身が著した『童蒙をしへ草』の中で紹介している。

売にも巧みな町人はほとんどいなかった。そこをちゃんとわきまえていた町人や百姓は、自分の子どもが学問に精を出したりすると、そのうち身を持ち崩しはすまいかと心配したものだ。親として、そう考えるのも無理はない。そのような学問はいつまでも実を結ばず、日々の暮らしの役に立たない証拠である。

そこでこうした実用性がない学問は後回しにして、今こそ取り組みたいのが人間のふだんの暮らし向きに役立つ「実学」である。たとえば、いろは四七文字を習って、手紙を書くときの文言を習得する。あるいは帳簿の付け方、算盤の稽古、天秤の扱い方を習得することも大切だ。

この他、自発的に学ぶべき事柄は多岐にわたる。地理学といえば、日本はもちろん世界中の風土を案内する学問だ。物理学は万物の性質を観察して、その仕組みを理解する学問だ。歴史学は年代記をもっと詳しくしたもので、世界各国の過去から現在までの姿を詳しく記した書物をひも解く。経済学とは、一人の人間あるいは一世帯の家計から天下国家の家計までの仕組みを明らかにするものである。また修身学とは、いろんな場面でどう振る舞うかを学び、人との接し方や世の中を渡っていく自然の道理を表している。

こうした学問を学ぶ際には、いずれも西洋の翻訳書を活用するとよい。その

実学
実際に役立つ学問という意味で使われることもあるが、福澤の場合、「科学」の意味で使っていることも多い。これには、当時支配的だった儒学が形式に陥っていたことへの批判の意も込められている。

際、できるだけ日本語に内容を置き換え、理解することが大切だ。若くて学才のある者には、原文で読ませるとなおよい。

実用的な学問の肝心なところは、事実をしっかりと押さえて物事の道理を学ぶ点だ。そしてそれを活用し、今必要な目的を達成するのだ。こうした実学は、身分が高いとか低いとかは区別なく、皆身に付けておくべき学問だ。実用的な学問を学んでこそ、士農工商のそれぞれが従事する分野で存分に成果を出すことができる。そして自らの稼業を営んでいくことで、自分自身も家も独立し、ひいては国家も独立を保っていけるのだ。

●義務を知れ

学問をするにあたっては、自分が何をすべきか、つまり義務を知ることがとても重要となる。人は生まれながら、何にも縛られない存在だ。一人前の男は男、一人前の女は女であって、自由である。けれどもただそのことだけを言い張って義務を知らなければ、ただのわがまま。やがて身を持ち崩してしまう。つまり「義務」とは、自然の道理に基づいて人の情にさからわず、また他の人を邪魔することなく、その上で自由に生きていくことである。自由とわがままを区別する

日本語に置き換える　これをわざわざ言ったのは、当時の学術書は和文ではなく漢文表記が主であったため。

のは、他人の害とならないかどうかだ。酒や色事にふけってやりたい放題するのは一見自由で、まわりに悪影響はないようではある。だが、けっしてそうではない。一人の勝手放題は悪い手本となる。やがて世の中の風俗を乱し、人としての正しい生き方を邪魔することになるだろう。だから、たとえ自分の金で遊びほうけているにせよ、その罪を許してはならない。

●個人の独立と国の独立

この自由独立は、個人のことだけにとどまらない。国の規模でも同じことが言える。日本はアジアの東のはずれにあるひとつの島国だ。昔から外国と交わりを結ぶことなく、自国の産物だけをもとに衣食し、何かが不足していても、こんなものだと決め込んでいた。けれども嘉永年間にアメリカ人がやって来て、外国との貿易が始まった。そして今に至るわけだが、開港した後もいろんな議論がなされ、鎖国しろだの、外敵は追い払えだのと言い立てる人もいた。だが彼らの視野は極端に狭く、その意見はことわざに言う「井の中の蛙」のようなもので、取るに足らない主張だった。

日本も西洋諸国も同じひとつの世界にあって、ひとつの太陽に照らされ、ひと

日本の開国
一八五三（嘉永六）年にアメリカのペリー提督が浦賀に来航。翌年、日米和親条約を締結して以降、諸外国との交流が開始された。

攘夷
もとは中国の春秋時代にできた言葉で、漢民族に攻撃をしかけてくる夷狄（野蛮人）を排撃しようというものだったが、日本では水戸藩を中心に朱子学の影響を受けた独自の概念となり、実力行使で外国人を排除しようという考え方になった。

井の中の蛙
狭い世界にいて、外の大きな世界を知らないこと。

つの月を眺め、海を、空気を共有している。そして、同じように情が通い合う人間が住んでいる。だから、こちらで余っているものがあれば相手に融通し、相手のところで余っているものがあれば、こちらがいただく。お互いに教え学び合い、恥じ入ることもいばることもなく、お互いに利益を得て、お互いの平和を祈る。天の道理や人としての道に従って交わりを結べばよいのだ。理にかなっていればアフリカの黒人奴隷の意見だろうがきちんと受け止める。一方、筋が通らなければ、イギリスやアメリカの軍艦すら恐れず、国が辱めを受けているなら、日本中の国民が一人残らず命を捨てる覚悟で国の威信を保とうとする。これこそ一国の自由独立ということだ。

それなのに、中国などは、自分の国以外に国などないという態度で、外国の人を見れば、決まって野蛮人だ、野蛮人だと言いつのる。自分の国以外の人々を家畜のように侮蔑し、嫌う。そして自国の力を知ろうともせず、みだりに外国人を追い払おうとし、かえってその野蛮人によって苦しめられる始末だ。これは国がその身のほどを知らないことが原因だ。一人の人間で言うなら、自由の本質をわきまえず、わがまま放題に振る舞っている者と言うべきだろう。

天
東洋思想の重要な概念のひとつで、人知を超越したもの。

華夷秩序
中華（当時は清帝国）こそが世界の中心だという思想。諸外国と交流するとき、中国皇帝は外国の使節に臣下の礼をとらせていた。とりわけ当時の東アジア諸国との関係を冊封体制と呼ぶ。

中国の半植民地化
一八四〇〜一八四二年のアヘン戦争で、清はイギリスに大敗して不平等条約を押し付けられ、アロー戦争でも敗れ、領土を割譲するなど半植民地化が進んでいた。

●身分のない、自由な時代がやってくる

王政復古《おうせいふっこ》を機に、私たちの日本はすっかり新しくなり、政治の風土もがらりと変わった。海外とは国際法に基づいて交わり、国内では人々に「自由独立」という方針を示した。平民が苗字を名乗り、馬にも自由に乗れるようになったことは、私たちの国が誕生して以来のすばらしい出来事だろう。ようやく、士農工《しのうこう》商《しょう》と四つに別れていた身分を同等にするための基盤がととのったと言える。

これからはもう、日本中の国民に生まれつき定められた身分などない。その人の才能や道徳、そして行動の結果が差となって表れるだけなのだ。たとえば、政府の役人を粗雑に待遇しないのは当然のことだ。しかし、これはその人の身分が高いからではない。あくまでその人の才能と道徳をもとに職務を務め、国民のために貴い国の法律を運用しているから敬意を払うのだ。個人が貴いのではなくて、法律が貴いのである。

昔、江戸幕府の時代、東海道を将軍御用達のお茶壺が通るといっては土下座していた。これはよく知られている話で、他にも将軍の狩りのお供をする鷹は人よりも大事にされた。馬にだって、将軍が乗るとあれば旅人は道を譲ったものだ。

平民の苗字と乗馬
平民苗字許可令が出たのは一八七〇（明治三）年九月。しかし、苗字を使用しない者も多かったため、一八七五年（明治八）二月に改めて苗字の使用を義務付ける「平民苗字必称義務令」が出された。なお、平民の乗馬は一八七一（明治四）年四月に許可された。

士農工商
江戸時代の身分制度を表現した言葉で、もとは中国で使われていた。身分制度の実態については議論があるが、武士とその他の身分には大きなへだたりがあった。

御茶壺道中
毎年旧暦四月頃、新茶を将軍に献上するために役人が江戸と宇治を往復していた。

ともかく「御用」という二文字がつけば、石だろうが瓦だろうが恐れ多く、偉いもののように見えた。庶民のほうも数千年、数百年も前から嫌だと思いながらも、何となくそのしきたりに慣れてしまっていた。威張る方もへりくだる方も、両方共に見苦しい風習には違いなかった。これは、そうした風習が貴かったのでもなければ、物が貴かったわけもない。ただいたずらに政府の威光を振りかざし、人をおどして人の自由を妨げようとする卑怯なやり方だ。実体も何もなく、こけおどしにすぎない。

今日、ようやく日本の隅々までこんな浅ましい制度や風習は一掃されたはずだ。万が一、政府に対して不平があったなら、それを心に押し込めて政府を恨むのではなく、安心してしかるべき手順を経て冷静に不平を訴え、遠慮なく議論するのが筋である。天の道理に照らし、人の情にかなうものであれば、命をなげうってでも争うべきだ。これが国民としてなすべき義務というものである。

●自由な時代に求められるもの

前にも言ったとおり、一人の人間も一国も、天の道理によって、何物にも縛られない自由な存在だ。もし、この国の自由を妨げようとする者がいたら、世界中

実体のない権威への批判
福澤は少年時代、稲荷神社の御神体の石を捨てて別の石を入れてみたが、人はそれと気づかず拝んでいるのを見ておかしいと思ったという。実体がない権威に盲従することへの批判精神はこの頃既に養われていたのかもしれない。

を敵にまわそうとも恐れることはない。また、身の自由を拘束しようとする者がいたら、政府の役人だったとしても遠慮はいらない。まして今や、基本的な四民平等が確立されたわけだから、誰もが安心していい。ただ天の理に従って思う存分、やりたいことをやればよいのだ。

とは言うものの、人にはそれぞれ境遇というものがあって、相応の才能や徳が求められる。才能や徳を身につけるには、物事の道理を知る必要がある。道理を知るためには、字を学ぶ必要がある。そういうわけだから、学問を真っ先に始めなくてはならないのである。

今日の様子を見ると、農工商に従事する人は、以前にくらべて一〇〇倍も待遇がよくなった。そのうち氏族と肩を並べるほどの勢いだ。現状でも、農工商の出身でも優れた人物なら、政府に採用される道がすでに開かれている。だからよく自分自身を見つめ、自分は責任ある存在なのだと胸に留め、卑劣な振る舞いは慎むことだ。

●無知という罪

この世の中で、無知、文盲の国民ほど哀れで、憎むべきものはない。知恵のなさが極まると、恥知らずになる。貧乏になって寒さや飢えに苦しむのは無知のせいなのにそういう人に限って反省もせず、やたらとまわりの裕福な人を恨みがちだ。ひどいものになると、徒党を組んで強訴だ一揆だと乱暴を起こしたりする。恥を知らないというか、法を知らないというか。法律があるおかげで自分自身の身も安全で、家々の暮らしも安泰なのに、法を頼るだけ頼っておきながら、私欲のためには平気で法を破る。これほど筋の通らないことはない。

一方で、たまたま身元がしっかりしていて、それなりの財産があっても、金を貯めることしか知らず、子どもや孫をしつけられない人がいる。きちんとしつけられていなければ、愚か者になるのも当然だ。やがて遊びほうけて、先祖から受け継いだ財産も地位もあっという間になくしてしまう者も少なくない。

●圧政が生まれる理由

このような愚か者を統制するには、とても道理で諭すことは無理だ。ただもう権威で脅しをかけるしかない。西洋のことわざに「愚かな民の上には苛酷な政府がある」というのがあるが、まさにこのことだ。つまり、政府がひどいのではなく、人民が愚かで、人民が自から災いを招いた結果だ。愚かな民の上に圧政があ

強訴と一揆
「強訴」は、もとは僧兵・神人らが神仏の権威を誇示して訴えることを指していたが、江戸時代以降は農民が集団で政府や役場に訴えることをいう。「一揆」は打ち壊しなどの暴動の意味で使われているが、本来は同じ目的のために共同体が行動を一つにすることであり、必ずしも破壊行動を伴うものではないことにも留意する必要がある。

るのなら、良民の上には善政がしかれる。今の日本も、人民の程度に応じてこの政府がある。かりに人民の徳の水準が今よりも落ちて、無学で文盲になりはてたとしよう。そうしたら政府の法も今より一段と厳しくなるに違いない。逆に国民が皆学問を志して、物事の道理を知り、文明になじむ方向へ進むのなら、政府の法も、もっと寛大で情け深いものとなるだろう。法の取り締まりが厳しいか寛容かは、単に人民が徳を身につけているかどうかによって、自然と決まってくるのだ。

圧政のほうがよくて善政は嫌だという者はいない。自分たちの国が富み栄え強くなるよう願わないものは誰もいない。外国に侮辱されて平気な者もいない。これこそ人としてあたりまえの心情だ。今の時代に生まれ、国のためになりたいという心がある人なら、何も身をさいなむほど心配する必要などない。大切なことは、人の感情に寄り添った、正しい振る舞いをすること。そして熱心に学問を志して広く知識を吸収し、それぞれの社会的な境遇にふさわしい知識や徳を蓄えればよい。そうすれば、政府は政治を行いやすくなるし、庶民は政府から支配されて苦しむこともない。お互いに利益を得ながら、日本中の平和を守ることに専念すればよい。どうして私が学問をすすめているかというと、こういう趣旨があってのことなのだ。

付記　本書の意図

このたび私の故郷の中津に学校ができるので、なぜ学問をするのかという趣旨を記してみた。同郷の旧友たちにも読んでもらいたく、一冊の本にしたためたというわけだ。ある人がこの本を読んで、こう言った。「この本を中津の人たちだけが読むのはもったいない。広く世間に広めれば、その利益も広がる」と進めてくれた。そこで慶應義塾で活版印刷したものを、皆さんにこうして届けることになった。

明治四年未十二月

福澤諭吉
小幡篤次郎　記

（明治五年二月出版）

付記　原文では「端書」だが、現在の書物でよくある序文の形式ではなく、付記の意味で使われている。

中津市学校　明治四年の廃藩置県後、中津藩（現在の大分県中津市周辺）の旧藩主奥《おく》平《だいら》昌邁《まさゆき》が設立した洋学校。

小幡篤次郎《おばたとくじろう》　一八四二（天保一三）〜一九〇五（明治三八）。中津生まれ。初期の福澤の門下生であり、中津市学校が開設されるにあたり、初代校長を務めたため、共著者として名を連ねている。

第二編　政府と民は対等である

・人間の権利とは、一人ひとりが命を尊重し、財産を守り、評判や名誉を大切にすることであり、それは身分の差によって異なるものではない。
・政府と民の関係は、政府の方が立場が強くなりがちだが、同位同等の関係であることを忘れてはならない。それゆえ、納税の義務はしっかり果たす必要があり、また政府は民をしっかり保護する必要がある。

はしがき

●文字を読むだけが学問にあらず

「学問」とは広い言葉だ。目に見えない概念を扱うものもあり、物質を扱うものもある。修身学、神学、哲学などは、概念を扱う学問だ。天文学、地理学、物

修身学
原文は「心学」。今日で言う道徳にあたる。

哲学
原文は「理学」。今日の理学（自然科学）とは異なり、儒学で言うところの性理学（人間の本質を探ろうというもの）。

理学、化学などは物質を研究する学問である。どの分野にも共通する目的は、知識や教養を深めて物事の道理を理解することを通じて、人としての役目を見いだすことに他ならない。知識や教養を深めるためには、人の話を聞いたり、自分で工夫したり、書物を読んだりすべきだ。だから学問をするためには文字を読めることが必要となる。しかし、昔から世間の人が思ってきたように、ただ文字を読むことだけで学問かといえば、それは見当違いだ。

文字は学問をするための道具にすぎない。たとえば家を建てる際に、金槌《かなづち》や鋸《のこぎり》が必要となるようなものだ。これらは建築の仕事に欠かせない道具ではあるが、道具の名前を知っているだけで、家を建てることができなければ大工とは言えない。まさしくそれと同じで、文字を読むことだけができて、物事の道理を捉えられない人は、学者とは言えない。いわゆる「論語読みの論語知らず」というのは、こういうことだ。『古事記《こじき》』は暗唱できても、今の米の相場を知らない人は、実生活の学問に弱い人ということだ。『論語』をはじめ中国の歴史を深く究めているのに、商売のやり方を心得ておらずまともな取引のできない人は、現実の経済に弱い人と言える。

何年も辛い時代を耐え、莫大な学費を使って西洋の学問を修めたはいいが、い

論語読みの論語知らず
孔子の教えをまとめた古い書物である『論語』を読んでいても、そのエッセンスを実際の行動に活かせていない人。

『古事記』
奈良時代の七一二（和銅五）年に完成した日本最古の歴史書。太安万侶が編纂。七二〇（養老四）年に完成した日本初の正史『日本書紀』とあわせて「記紀」と呼ばれる。

まだに独立すらできない人は、今の時代に求められる学問は何かということに鈍感だということだ。こうした人物は、単なる「文字の問屋」と言うべきだろう。その人の技能は、さしずめご飯を食べる辞書というところだ。国のためには無用の長物で、経済を妨げるただ飯食いと言って差し支えない。だから、実生活も学問であり、世の中の経済活動も学問であり、時勢を推察するのもまた学問なのだ。和漢洋の書物を読むことだけが学問だという理屈は通らない。

●本書の展望

この本の表題は『学問のすすめ』と名付けた。けれども、決して字を読むことだけをすすめているのではない。学問がなぜ必要なのかを説明するために、西洋のさまざまな書物をそのまま訳したり、あるいは意訳したりしたものだ。形があるものについても、ないものについても、一般の人々が心得ておきたい事柄を挙げている。以前、書いた一冊目を初編とし、さらにその趣旨を広げてこの二編とした。このあと、三編、四編と続いていくことになるだろう。

文字の問屋　学んだ知識を誰かに取り次ぐことはできるが、自分では活用できない人、という意味。

意訳　第二編・第三編・第六編・第七編・第八編は、ウェーランド（Francis Wayland. 一七九六～一八六五、アメリカの学者）の『修身論』（Elements of moral science）を原型にして、福澤自身の考えを織り交ぜており、意訳というよりも翻案に近い（なお、『修身論』自体は、福澤の門下生の阿部泰蔵（一八四九～一九二四）が一八七四年に翻訳することになる）。

人が平等であるということ

●人は同じ天のもとに生まれた

初編のはじめに、「誰もが同じ権利を持ち、生まれによる身分の上下はない。自由に（以下略）」と述べた。この意味について、ここでさらに広げてみたい。人の誕生は、天の摂理で、人がどうこうできることではない。人はお互い尊敬しあい、それぞれ世の中でやるべき役目をきちんと果たし、お互いに迷惑をかけないようにすべきだ。その理由は、もともとは同じ人同士、同じ天のもとに生まれたからである。たとえばある家庭で、きょうだい仲良くするのは、もともとひとつの家族で、同じ父母から生まれたという大前提があるからだ。

だから、今、人と人との関係はどんなものかと問うてみると、誰も皆平等だと言わざるをえない。ただしその平等とは、実際の姿が同じということではない。権利が同じということである。見た目についてなら、貧しい人と富める人、強い者と弱い者、知恵のある人と愚かな人といったような差が極端なまでにある。あるいは大名や貴族に生まれて御殿に住み、上等の服を着て美食ざんまいの人もい

同じ天のもとに生まれた　原文は「共に一天を与にし、共に与に天地の間の造物なればなり」。「造物」はCreature（生物）の訳語で、天（創造主）が創造し給うたもの、という意味。

権利　原文は「権理通義」。通義は義務ではなく、正義に通じるという意味。

る。そうかと思えば、人足として裏長屋に間借りして、今日の衣食にもこと欠く人もいる。また、あふれる才知によって役人になったり商人になったりして、世の中を動かす人もいる。逆に知恵も分別もなく、飴やおこしを一生売り続ける人もいる。また、強い相撲取りもいれば、か弱いお姫様もいる。こんな風に、見た目は人によってまったく違う。

●権利は平等だということ

けれども、見方を変えて一人ひとりがもともと持っている権利について言えば、まったく平等で、差は少しもない。つまりこうした権利というのは、一人ひとりが命を尊び、財産を守り、評判や名誉を大切にするということだ。

天がこの世に人を誕生させたとき、その体と心に働く力を与えた。そして人々に生きる意義を全うさせようと仕向けたのだから、どんなことがあっても、人の力でそれを妨げてはならない。大名だろうが人足だろうが、命の重さは平等だ。豪商が扱う百万両も、飴やおこしを商う者が稼ぐ四文の銭も、自分のものとして守りたい気持ちに変わりはない。よく言われる悪しきことわざに「泣く子と地頭には勝てない」というものがある。また、「親と主人は無理を言うもの」とも言

人足　肉体労働者のこと。

おこし　干菓子の一種。

泣く子と地頭には勝てない　道理が通じない相手には黙って従うしかない、という意味のことわざ。地頭は、鎌倉時代に置かれた荘園・国衙領の管理人。幕府の力を背景に次第に荘園領主や国司から実権を奪っていき、現地支配を強めていった。

う。「人の権利や生きる意義を踏みにじるものがあるが、仕方がない」ということだろう。だが、これは現実の姿と権利とを取り違えた見方だ。地頭も百姓も、立場こそ違うが、権利に関しては平等だ。百姓が感じる身体の痛みは、地頭にとっても痛いはずだ。地頭がうまいと思うものは、百姓にだってうまい。痛い思いはしたくないし、うまいものは食べたい。これは人の欲なのだから、他人の邪魔をせずしたいことをするのは、それぞれの権利なのである。

●他者の権利を踏みにじってはならない

この権利というものについては、地頭も百姓もみじんも違わない。ただ、地頭は裕福で強い立場で、百姓は貧乏で弱い立場というだけのことだ。貧富の差や立場の強弱は、結果的にそうなっているのであって、同じではない。

それなのに、いまだに富や強い立場をいいことに、貧しい弱者に無理をふっかけるのは、現実の姿が違うからといって、他の権利を踏みにじることではないか。言ってみれば、力士が力持ちだからといって、調子にのってまわりの人の腕をへし折るようなものだ。まわりの人は当然、力士より力も劣る。けれども、弱いなりに、その腕を使ってなんの支障もなく役割を果たせるはずだ。それなのに謂れもなく力士に腕をへし折られるなど、迷惑の極みだ。

また、この論点を世の中の出来事にあてはめてみよう。江戸幕府の時代には庶民への差別がひどく、侍はひたすらに威張り散らし、百姓や町人をまるで捕らえた罪人のように扱っていた。「切り捨て御免」という法さえあった。これでは、庶民の命は自分のものではなく、借り物にすぎないということになってしまう。百姓や町人は見ず知らずの侍にへりくだり、往来では道を空け、建物内では席を譲らなければならなかった。さらに百姓や町人は、自分飼っている馬に乗ることすら禁止され、不便この上なかった。本当にとんでもないことである。

●政府と人民のあいだの不公平

これは、侍と庶民を比べた場合の不公平だ。けれども、政府と人民との関係に至っては、もっとひどかった。当時、幕府だけでなく、諸国の大名も領地に小さな政府を立てていた。そして百姓や町人を好き放題に扱った。ときには慈悲深いまねをするものの、その実は人が本来持っている権利を尊重することはなく、実に見るに忍びないことが多かった。

そもそも政府と人民の関係は、前にも述べたように、立場が強いとか弱いとか

切り捨て御免
別名「無礼討ち」。江戸時代の武士に認められていた殺人の特権であり、武士が耐え難い無礼を受けたときは、斬っても処罰されない、というもの。ただし、それが無礼に当たるかについての判定は厳格であり、実際に行使されることは稀であったという。

乗馬の禁止
51頁参照。

江戸時代の藩
江戸時代には約三百もの藩があり、各藩内で政治を行っていたので、藩の数だけ政府があったと言える。

の差があるだけだ。権利の差がある道理はない。百姓は米を作って人々を養ってくれる。町人はものを売買して、世の中を便利にしてくれる。これこそ百姓や町人がなすべき役割だ。一方、政府は法令を発して悪人を取り締まり、善人を保護する。これこそ政府がなすべき役割であるが、運用するには莫大な経費がかかる。政府は米も金もないから、百姓や町人から年貢米や税金を取って、政府の財政をまかなっている。お互いに納得した上そのように決めているはずで、まさしく政府と人民との約束であるはずだ。だから、百姓や町人は、年貢米や税金を納めて、しっかりと国の法律を守っていれば、それぞれの役目をしっかり果たしていることになる。政府は、年貢米や税金を取り立てて正しく活用し、人民を保護することで、役目をまっとうしていると言える。お互いの役割をきちんと果たし、約束を破らなければ、それで申し分ないはずだ。それぞれが権利意識や存在意義を積極的に打ち出していっても、お互い問題はないはずなのである。

●「お上」の「ご恩」、そして「やっかいごと」

それなのに、幕府があった頃は政府（＝幕府）を「お上様」と呼び、お上の御用とあれば、むやみに威光をふりかざした。そればかりか、街道の旅籠ではただ

百姓・町人の役割、政府の役割
原文では「役割」の代わりに両者とも「商売」という言葉が入っている。福澤は商売の価値を高く評価しており、また百姓・町人と政府の関係は対等であるはず、という意味の皮肉で同じ語を用いている。

旅籠
宿屋のこと。

食い、渡し舟には料金を払わず、人足の賃金を踏み倒す。ひどいものになると武家の主ともあろう者が人足をゆすって酒代をむしり取る。もっての他と言わざるをえない。あるいは、殿様の単なる物好きで建築工事をしてみたり、役人の思いつきでよけいなことをしたりして無駄に金を費やすし、財源が底をつくと、「お国のご恩に報いよ」などと、あれこれ言葉を飾り立てては、年貢米を増やしたり税金を取り立てたりする。

そもそも「お国の恩に報いる」とは、どんな言いぐさなのか。それは、百姓や町人たちが安らかに稼業を営み、盗賊や人殺しの不安もなく世の中を渡っていけるのを、政府の「ご恩」だと言っているのである。

皆がこのように安穏と暮らしていけるのは、政府の法律があるおかげだ。法律を作って人民を保護することは、もともと政府の役割であって、当然の職務だ。これを「ご恩」と言うのは間違っている。政府が人民に対して保護していることを「ご恩」と言うなら、百姓や町人は政府に対して年貢米や税金を納めていることを「ご恩」と言うべきだ。また、人民が裁判所に訴え出てお裁きをするのを政府が「やっかいごと」と言うなら、人民もこう言うべきだ。「十俵収穫した米のうち、五俵も年貢米に取られるなんて、百姓にしてみればとんだやっかいごと

お国　近代国家の意味ではなく、当時の藩、あるいは藩主のことを指す。

だ」と。こんなふうに、売り言葉に買い言葉で言い出すときりがない。とにかく同等に恩のある者同士なら、片方が礼を言ったら、もう片方も礼を言うのが道理だ。

こういった悪習がはびこる原因について調べてみた。そうしたら、人間は平等であるという大原則を取り違えていることにあるようだ。そして貧富や強弱の差が歴然としている世の有様を悪用し、政府は富と権力をかさに着て、貧弱な人民の権利を抑圧しているのだ。

私たちは人として、つねに同位同等であるという意識を忘れてはならい。これこそ、人の世界でもっとも大切なことだ。西洋の言葉では、このことをレシプロシティー、またはイコールティーと呼ぶ。つまり、初編のはじめに述べた、「人は皆平等である」とは、まさにこのことである。

●法に従う義務も忘れてはならない

このように述べると、百姓や町人に味方して思う存分権利を主張せよ、と言ってるように聞こえるかもしれない。しかし別の見方もできる。つまり人を扱う場合、その人物によって扱いの加減も変わってくるということだ。もともと人民と

レシプロシティー(reciprocity)
相互依存の意。

イコールティー(equality)
平等性の意。

人は皆平等
44頁参照。

政府との間柄は一心同体。それぞれに役割を担って、政府は人民の代表となって法を施行する。人民は必ずこの法を守ると約束を交わすというものだ。たとえば今、日本という国で明治の元号を使っている人は、「今の政府の法に従う」という約定を結んだ人と言える。だからいったん国の法として定まったことは、たとえ一人の人民にとって不都合があっても、法が変わらない限り、この約束は変わらない。細心の注意を払って謹んでこれを守っていかなくてはならない。これが国民としての役割だ。

それなのに、無学で字が読めず、理非の理の字も知らないで、身に付いた芸と言えば、飲んで食べて寝て起きるだけ。そんな無学なくせに欲だけは深く、人をだしぬいて平気でいる。そして巧妙に政府の法をかいくぐって、国の法律がどんなものかもわからなければ、人民としての役割が何なのかもわからないまま。また、子をもうけても、その子をどうしつけたらよいかもわからない。このようないわゆる恥も法も知らない馬鹿者や、そんな人間の子孫だらけになれば、一国にとってためになることは何もない。かえって国に災いをなすというものだ。このような馬鹿者を扱うには、とても道理など通用しない。不本意ではあるが、力づくで脅し、大きな災いになるのを防ぐしか他に方法はない。

こういう背景から圧政は世の中に登場する。私たちの国の旧幕府だけではない。アジア諸国でも昔から皆そうだ。つまり一国の圧政は、必ずしも暴君や悪どい官僚だけの仕業ではない。実際のところ、人民が無知だったため、自分から招いた災いである。他人にけしかけられて暗殺を企てる者。新法を誤解して一揆を起こす者。強訴を名目にして金持ちの家を襲い、酒を飲んで銭を盗む。そうした振る舞いは人間のすることとは思えない。

このような卑しい民を扱うのに、釈迦《しゃか》も孔子《こうし》も通用しないのは明白だ。何としてでも過酷な政治で抑え込むしかない。したがって、ここではっきり言いたい。人民がもし圧政を避けたかったら、今すぐ学問を志そう。自ら才能や道徳を高め、政府と対等に立つことだ。これこそ、私が学問をすすめるねらいである。

（明治六年十一月出版）

暗殺
時代の混乱期ということもあり、明治初期には暗殺が横行した。横井小楠、大村益次郎、広沢真臣が本書刊行以前に暗殺されている。

第三編　自分たちの領地を守る気概

・国同士の関係は平等であるべきで、力の強い国が弱い国の権利を侵してはならない。自国の権利が侵害されたら、断固として立ち向かうべきである。
・そのためには、民一人ひとりに独立の気概が必要である。独立の気力がない者は、国を心から大切にすることができない。外国人と接するときにねじ伏せられてしまい、また人の権威を傘に着て、悪事を働くこともある。

国と国は対等である

●世界の中の日本

「人」と名が付けばどんな人だって、もともと持っている権利にまったく差はない。金持ちだろうが貧しかろうが、強かろうが弱かろうが皆同じである。人民と政府との関係についてもそうだ。そんな内容を第二編に述べた（第二編にもある「権利」は英語でいう「ライト」という言葉にあたる）。ここでは、この権利についてさらに広げ、国と国との間柄を考えてみたい。

国とは、人が集まってできたものだ。日本は日本人が集まったものだし、イギリスはイギリス人が集まったものだ。日本人もイギリス人も同じくこの天地の間に生きる人間である。だからお互いに権利を妨害してよいという道理はない。一人の人間が一人の相手に向かって危害を加えるのに道理がないのと同じで、二人が別の二人に危害を加える道理も立たない。百万人だろうが、一千万人だろうが同じで、物事の道理は人数の多い少ないで変わるものではない。

今、世界を見渡してみると、文明を開花させ文化面でも軍備面でも充実した富み栄える強国がある。一方で、野蛮で未開なまま、文化も軍備も整備されていない貧しい国もある。一般に欧米諸国は豊かで強大と言われ、アジアやアフリカ諸国は貧しくて弱いとされる。しかしこの国家間の貧富や強弱の差は、国の現実のあり方の違いなのであって、同じでないのはあたりまえである。それなのに今、自分の国が強いからとその勢いにまかせて貧弱な国へ無理矢理な行動を起こそうとするのは、言ってみれば力士が腕力にものを言わせて病人の腕をつかんでへし

権利
原著で、第二編では「権理通義」という語が用いられており、それが第三編では「権義」と略されることが記されている。以下、「権利」とあるのは第二編同様「権理通義」（本編では「権義」）を訳したものである。

折るのと変わりはない。各国が本来持っている権利を守る立場からは、許されない振る舞いである。

日本もまた、現在の状態では、富み栄え強大な西洋諸国には及ばないところが多い。しかし、一国の権利という点では、その重さに少しの差もない。筋の通らない理不尽な行動を起こされたら、たとえ世界中を敵に回すことになろうとも、恐れることはない。

●自分自身が独立を目指すべき

初編でも言ったように、「日本中の国民が一人残らず命を捨てる覚悟で国の威信を保」つべきときとは、こうした場合のことだ。しかし、貧富や強弱の差があるという現実は、天との約束事ではない。努力したかそうでないかによって、どんどん変わっていくものだ。今は愚かな人でも、明日は知恵ある人になれる。同様に、かつての強国も今は貧弱国となる例は少なくない。私たち日本人もこれから学問を志し、気力をしっかりと保ちたい。まずは、自分自身の独立を日指そう。そうすることが、やがて一国が富み強大になっていくことにつながり、西洋人の力など恐れるに足りないものとなる。理屈の通じる者とは付き合い、筋道の

初編で言ったこと
50頁参照。

通らない要求をする者は、打ち払うのみだ。「一身独立して、一国独立する」とはこういう意味なのである。

一身独立して、一国独立するとは

●独立の気力とは何か

先に言ったように、国と国は対等の立場だけれども、国民に独立する気がなければ、一独立国としての権利を手にすることはできない。どうしてなのか、次の三カ条で説明してみよう。

第一条　独立の気力がない者は、国を心から大切に思わない。

独立とは、自分の身を自分で制御し、何かにすがりたい気持ちを持たないことだ。物事が理屈に合っているかどうかを自ら見分け、対処を間違わない人は、他人の知恵に頼る必要がなく、独立していると言える。そして、自ら心と体を働かせて生計を立てられる人は、他人からの援助を受ける必要はなく、経済的に独立している状態だ。私たちにこの独立心がなく、他人に依存ばかりするとどうなるか。日本中が皆何かにすがる人ばかりになって、受け止めてくれる人は誰もいなくなるだろう。これをたとえるなら、目の不自由な人の一行に、誰も手引きする人がいないようなものだ。とても心許ない状態ではないだろうか。

●知恵がないと「お客様」になってしまう

一方、ある人がこんなこと言っている。「国民は支配者に依存させておけばよく、知恵に目覚めさせる必要などない。世の中、目の見えない人が千人いたとすれば、目が見える人も千人いるのだ。だからこの目が見えて知恵のある者が上に立ち、庶民を支配して上の意向に従わせればいい」。この意見は、孔子様の流れを組むものだが、言っていることはまったくのでたらめだ。国を治められるほどの才知と人徳を備えた人など、千人に一人にすぎない。

かりに人口百万人の国があるとしよう。このうち千人は知恵を身につけた人で、残りの九十九万あまりは、無知な人民だとする。そして知恵ある人が才能と人徳を駆使してこの民を支配する。あるいは子どものように愛情を注いだり、羊のように世話をしたりする。時には叱りつけたり、かわいがったりして、飴と鞭

由らしむべし、知らしむべからず
『論語』の「泰伯」に、「子曰く、民はこれに由らしむべし。これを知らしむべからず」とあり、孔子の意図としては徳があれば民は政治を信頼してくれるが、政治の意図をうまく伝えることはなかなか難しい、ということだとも言われているが、「べからず」は「不可能」ではなく「禁止」の意味と理解されることが多いため、福澤の説明のように一般には理解されていたと考えられる。

を使い分けながら進むべき場所を示す。そうすれば、民は知ら知らずのうちに、上の命令に従うことになる。盗賊や人殺しも犯さず、国は平和に治まるだろう。ただ、こんな国では人民が主と客の二種類に分かれてしまう。主である者は千人の知恵ある人たちのことで、思うままに国を支配する。それ以外の人々は国の運営についてはまったく知らされない客でしかない。最初から客の立場なら心配など何もする必要はなく、ただ主に頼っていればよい。なんの責任もないのだから、当然、主のように国の将来を心配する必要もなく、まったく他人事となる。

国内ならそれでも済むかもしれないが、いったん外国との戦争などが起きれば、いろいろと不都合が露見するだろう。知恵も力もない人民とはいえ、まさか武器を逆さまに持つことはないだろうが、人民は客の立場と思っているので、命を捨てるなどやりすぎだとばかりに、逃げる者がたくさん出てくるはずだ。そうするとこの国の人口は百万人でも、国を守らなければならない事態になっても、それを担う人数はわずかだ。これでは、とても一国の独立は保てない。

●祖国を思うということ

このようなわけだから、外国から我が国を守るためには、自由独立の気運を全国に行き渡らせなくてはならない。そして国中の人々が身分の上下にかかわらず自分たちの責務を引き受けること。知恵のある人もそうでない人も、目が見える人も見えない人も、それぞれが国の一員として尽くさなくてはならない。

イギリス人はイギリスが自分たちの祖国と思い、日本人は日本を祖国と思う。祖国の領土は他人のものではない。我が国の人々の領土なのだから、祖国のためを思うことは、我が家を思う気持ちと同じなのだ。国のためには財産を失おうと、命を投げうとうと惜しくはなくなる。これこそまさに国に報いる大義なのだ。

無論、国の政治をつかさどるのは政府で、その支配を受けるのは人民だが、これは便宜上お互いの役割を分けているだけである。国全体にかかわる問題が持ち上がれば、人民の役目として政府だけに国を任せて、傍観しているようでは筋が通らない。日本の誰それ、イギリスの誰それというふうに、名前の肩書きに国名がつく人なら、その国に住み、自由に寝起きしたり食事をしたりする権利を持っている。国民としての権利があるので、国民として果たす役割も当然ある。

●今川政府とフランス政府の違い

昔、戦国時代のことだが、駿河の今川義元《いまがわよしもと》が数万の兵を率いて織田信長《おだのぶなが》を攻め

今川義元
一五一九（永正一六）～一五六〇（永禄三）。戦国時代の大名。領国経営・軍事面で才覚を発揮した人物ではあったが、桶狭間の戦いで破れて戦死した。

織田信長
一五三四（天文三）～一五八二（天正十）。戦国大名、天下人。尾張の地方領主だったが、今川義元を破って頭角を現し、天下統一を進めたが、本能寺の変で志半ばで没した。

ようとした。信長は策をめぐらして桶狭間《おけはざま》に兵を伏せ、今川の本陣を奇襲して義元の首を挙げてしまった。駿河の軍勢はクモの子を散らすように、戦いすらしないで走り逃げてしまった。こうして名高かった駿河の今川政府も、あっという間に滅び、あとかたもなく消えてしまった。

最近では、二、三年ほど前、フランスとプロイセンが戦争を起こした。緒戦でフランス皇帝ナポレオン三世はプロイセンに生け捕りにされたけれども、フランス兵はそれでも望みを失わず、なおさら発憤して血を流し、屍をさらしながら防戦した。そして数カ月籠城したのち、休戦協定に持ち込んだ。その結果、フランスは元通りの領土を維持できることになった。

あの今川の末路に比べると、同じ日に語るのが申し訳ないくらい立派な話である。その違いは何だろうか。駿河の民は単に義元一人によりすがり、自分は客のつもりで、駿河の国を自分の祖国と思う者などいなかったのに対し、フランスには、国に報いたいという志を持った民が沢山いた。そして国の一大事を一人ひとりの難題として受け止め、誰かに命じられるでもなく自ら祖国のために戦った。だからこれほどの違いが生じるのである。

この例をもとに考えると、外国から自分の国を守らなくてはならなくなったと

桶狭間の戦い
一五六〇（永禄三）年に尾張国桶狭間で行われた合戦。大軍を率いる今川義元を織田信長の少数の軍勢が打ち滅ぼした。

今川の滅亡
実際に戦国大名としての今川氏が滅亡するのは一五六九年と少し時間がある。

普仏戦争
一八七〇～一八七一年、スペイン王位継承問題を期にフランスとプロイセンの関係が悪化し、開戦。フランスは降伏、ナポレオン三世による第二帝政は終焉を迎えた。逆にプロイセン国王ヴィルヘルム一世（Wilhelm I. 一七九七～一八八八）はヴェルサイユ宮殿でドイツ皇帝に即位し、ドイツを統一した。

き、独立の気概を持っている人ならば国のことについても深く案じ、自身のこととして行動する。反対に独立する気のない人は、国がいざというときであっても真剣に向き合おうとしないのは明らかだ。

●染み付いた卑屈さ

第二条　国内で独立した地位を築けない者は、海外で外国人に接するときもまた、独立の権利を活用することができない。

独立する気もない人は、必ず人に依存してしまう。人に依存する人は、必ず人を恐れる。人を恐れる人は、必ず人にこびへつらうものだ。いつも人を恐れたりへつらったりしていると、だんだん慣れてきて面の皮が鉄のように固くなる。恥ずべきことを恥とも思わず、論ずべきことを論じず、人さえ見れば、ただもう腰を低くするだけに。いわゆる「習い性になる」とは、このことだ。一度慣れてしまえば、これは簡単には改まらない。

たとえば今、日本では庶民も苗字を名乗り、馬に乗ることも許されるようになった。裁判所の対応もまともになって、表向きは庶民も士族と同等になってきたようだ。けれども人の習慣はそう簡単には変わらない。平民の根性は依然とし

ナポレオン三世
Napoléon III. 一八〇八〜一八七三。ナポレオン・ボナパルトの甥。フランス大統領を経て皇帝に即位。普仏戦争に敗れ退位、失意のうちに死去した。

ナポレオン三世失脚後
フランスは新たに国防政府を発足し、兵士を募ってプロイセンとの戦闘を継続した。

普仏戦争の休戦
厳密には、国境地帯のアルザス・ロレーヌ地方の割譲を余儀なくされた。この地域の帰属をめぐって、第二次世界大戦まで独仏は争うことになる。

て昔の平民と変わらない。言葉遣いも下品で、目上の人の前では、一言、いや半句の意見すら言えない。「立て」と言われれば立ち、「踊れ」と言われれば踊り、従順すぎるやせた飼い犬のようだ。本当に、無気力な鉄面皮と言うより他ない。

●外国人と対等に交渉できそうもない

昔、鎖国をしていた江戸幕府のような融通のきかない政治を行う時代にあっては、人民に気力がないほうが差し支えなく、かえって便利ですらあった。それもあってか、庶民を無知に陥れ、無理矢理、従順にさせることによって役人がうまく支配できていたのだ。けれども、今外国と交わるようになってからもこんな様子では大きな弊害となる。たとえば田舎の商人たちが、おそるおそる外国との交易をしてみようかと横浜を訪れるとする。彼らはまず外国人の骨格がたくましいのを見て驚く。資金をふんだんに準備しているのにまた驚く。商館が広くて立派だと驚き、蒸気船が速いといっては驚く。すでに肝を潰してしまったところに、ようやく恐る恐るこの外国人に近づいて取引をするわけだが、ここでも彼らの駆け引きの巧みさに驚く。無理な理屈をふっかけられて驚くだけでなく、その威力に震え上がってしまう。そして、無茶な取引とわかっていながら、大損と大恥を

フランスにおける国民意識の創出
フランスでは一七八九年のフランス革命を機に公教育制度の建設に着手しており、このことが国民意識に影響を与えたとも考えられる。

習い性になる
古代中国の歴史書『書経』「太甲上」にある。習慣は、その人の生まれ持った性質のようになる、ということ。

横浜
一八五九年に開港されて以降発展を遂げており、第三編刊行の前年（一八七二年）には新橋との間に日本初の鉄道が開通した。

被ったりしている。これはもう、一人の損失ではなく一国の損失であり、一人の恥辱ではなく一国の恥辱と言ってよい。

本当にばかばかしいようだが、先祖代々、独立心に接してこなかった町人根性は一朝一夕に改めることは難しい。武士には苦しめられ、裁判所には叱られ、一人分の食い扶持しかもらえない足軽に会っても「お旦那様」と崇めてきたその根性は、腹の底まで腐りきっていて、一朝一夕に清めることはできない。こんな臆病神の手下どもが、あの大胆不敵な外国人を前にして度肝を抜かれるのも当然のこと。これこそ、「国内で独立できない者は、海外でも独立はおぼつかない」ということの証拠だ。

●名目にすがる江戸時代

第三条　独立する気概を持たない者は、人の権威をかさに着て、悪事を働くこともある。

江戸幕府の時代には、「名目金」というものがあった。これは徳川御三家など、権威ある大名の名目を使って金を貸し、無茶な返済を求めるという手口で、許されることではない。

足軽
戦闘時に借り出される歩兵・雑兵。正式な士族身分ではないものの苗字帯刀が許され、平民よりは上とされた。

名目金《みょうもくきん》
大大名や有力寺社、公家などが修理費などの名目で高利貸しをしており、商人などが出資し、大名や寺社は上前をはねていた。幕府もこれに保護特権を与えていた。

自分の金を貸して返さない者がいれば、あらゆる手を尽くし、何度でも政府に訴え出るのが筋というものだ。けれども、政府を恐れるあまり訴えることができなかった。そこで恥知らずにも他人の名目を借り、他人の威を借りて返済を迫る。なんとも汚く、卑劣もいいところだ。

今日では、名目金のような話は聞かないが、もしかすると外国人の名目を借りている者があるのではないだろうか。私にはまだその確証あるわけではないので、はっきりしたことは言えないのだが、かつて行われていたことを思えば、いまだに横行しているという疑念をぬぐうことができない。

●束縛よりも自由、独立を！

これから先、万が一外国人が自由に居住できるようになれば、彼らの名目を借りて悪事を働く者があるかもしれない。そうなれば、もう、国家規模の災いで、損失はどれほどになるかわからない。

だからこそ、国民に独立心がないのは扱いやすくて便利だなどと油断してはならない。災いは思わぬところから起こるものだ。国民に独立の気概がいよいよなくなっていけば、国を売る災いはますます大きくなってゆく。「人の権威をかさ

内地雑居
明治初期は外国人は居留地以外には住めなかったが、一八九九年（明治三二）、陸奥宗光の尽力により領事裁判権と治外法権の撤廃と引換に内地雑居を認める日英通商航海条約が発効、居留地の廃止と内地雑居が実現した。

に着て、悪事を働く」とは、このような趣旨である。

この三カ条で述べたことは、すべて国民に独立心がないことから生まれる災いだ。今の世に生まれ、少しでも愛国心がある人は、官民を問わずまずは自分が独立することを目指してほしい。その上で余力があれば、他の人の独立を手助けしてほしい。父兄は子弟に独立するよう教え、教師は生徒に独立をうながす。士農工商誰もが独立して、国を守っていかなければならない。大まかに言うなら、人を束縛して一人で苦労を抱え込むより、人を自由に解き放ち、一緒に苦楽をともにするほうがずっとよいということである。

（明治六年十二月出版）

第四編　官尊民卑を改めよ

- 日本人は長期の専制政治のせいで信念に従った行動ができなくなっている。
- 政府は国民の意識を高めようとしているが、長年培われた「気風」が邪魔していて、思うように文明が発展しない。
- 「気風」を一掃するには洋学者が頑張らねばならないが、そのためには洋学者が政府ばかりを見て民間を省みない状況を改めなければならない。

学者の果たす役割とは

●日本は独立を保てるか

このところ、ひそかに識者の意見に耳を傾けてみると「これから日本は栄えるのか、それとも衰えるのか。人の知恵では予想することは難しい。ひょっとする

学者
福澤は、学者の範囲を狭義の研究者ではなく、高等教育を受けた知識人にまで広げて理解していた。そのため、原著では「学者」とあるところについても、本書では「学者」「学生」など、文脈に応じて訳しわけている。なお、第四編は日本最初の学術団体である明六社の会合での演説がもとになっているとされており、学者向けということもあり難しくなっている（第五編冒頭参照）。『明六雑誌』で加藤弘之、森有礼、津田眞道らによる反論があり、学者は政府で活躍すべきか、民間で活躍すべきかという「学者職分論争」が巻き起こった。

と、国としての独立を失いはしまいか。それとも、今さかんに目にする勢いでじょじょに進歩していけば、そのうち文明が大きく発展した国になれるのだろうか」という疑問を投げかける者がいる。

そうかと思えば、「独立が保てるかどうかは、あと二十、三十年しないとわからない」と、疑う者がいる。さらには、日本をはなはだしく蔑視する外国人の意見に同調し、「とても日本の独立は続きそうもない」と見る人もいる。

もともと私は人の意見をすぐに真に受けたり、それでもって望みをなくしたりはしない。けれども、おそらくこうしたいろいろな意見は、この国が独立を保てるかどうかということについて、皆が不安を抱いていることの表れだろう。何の疑いもなければ、こんな問いなど出てくるはずがない。

ためしに今、イギリスへ行って「イギリスは独立を保っていけるでしょうか」などと聞いてみればいい。皆笑って取り合ってくれないはずだ。なぜ誰もまともに答えようとしないのか。それは、誰もそんなことを疑っていないからだ。

我が国の文明の様子は、今日は昨日よりましという程度だ。結局、独立を保てるかという疑問がまだぬぐい去れないのはやむを得ない。この国に生まれて日本人という名を持つ人なら誰でも、この状況を心配しないではいられないだろう。

イギリス
当時は大英帝国の全盛期と言われたヴィクトリア女王（Victoria, 一八一九～一九〇一、在位一八三七～一九〇一）の治世であった。

今、私たちはこの国に生まれ、日本人の名を持っている。日本人である以上は、一人ひとりの役割をしっかりと見極め、役に立たなければならない。

もちろん、一義的には政治をとり行うのは政府だ。けれども、世の中の人と人とがからむ事業には、政府が関与できないものも多い。したがって、国をまるごと整えるという目的の達成は、人民と政府とが両輪となってはじめて可能なのだ。私たちは国民としての役割をまっとうし、政府は政府としての役割を果たすこと。そして、お互い助け合いながら、日本という国全体の独立を維持していかなければならない。

●国の「健康」を保つということ

何にせよものごとを維持していくには、力の調和が欠かせない。たとえば人体もそうだ。身体を健康に保ちたいなら、飲んだり食べたりが不可欠となる。空気や日光も必要で、寒暖の他、痛さや痒さなど外からの刺激があるから、それを身体が感じて体内がほどよく調整し健康を保っている。もし、この外からの刺激を全部取り去って、生命活動だけにまかせて放っておいたら、どうなるだろう。まちがいなく、人の身体の健康は一日も保てない。

国もまた同じだ。政治は一国の大事な働きである。この働きを調和させ、国の独立を保たなくてはいけない。内側に政府の力、外側に国民の力があって、お互いに反応しながら調和をとっていくことが大切だ。政府が内側に宿る生命力とすれば、国民は外部から取り囲む刺激のようなものだ。かりに今、この外からの刺激をなくし、ただ政府の働きにまかせっきりにしたらどうなるだろう。きっと、国の独立は一日ももたないだろう。人体の生理現象をしっかりと理解し、その法則は一国の政治のあり方を議論する際にも応用できると気づけば、この道理にも納得がいくはずだ。

●日本の国力はなぜ低いか

今の日本の体力、つまり国力を観察してみよう。まだまだ外国に及ばない点として、学術、経済、法律の三つが挙げられる。世の文明というものは、概ねこの三つに支えられている。これらが揺るぎない状態に発展していないと、国の独立を保つことはできない。これは識者の意見を聞くまでもない。なのに、今我が国では、この三つのうち、どれひとつとしてまともなものはない。

もちろん、明治維新のときから、官界に携わる人たちが力を尽くしていないわけではない。また、彼らの資質が劣っているわけでもない。ただ、行動に出ようにも、どうにもならない原因があり、思うように行かなかったことが多かった。その原因とは、国民の無知、無学に他ならない。もちろん政府もすでにその原因を知っていて、しきりに学術を奨励している。また、法律を整備するために審議を重ね、商法の整備を進めている。あるいは、国民に語りかけたり、官が自ら手本を示したり、できるかぎりの方策を実施してきた。

それでも、今日に至ってもまだ、効果が上がっているとは言えない。政府はいまだに専制政府の体質だし、国民はやる気がまったくない愚かな群衆のままだ。わずかに進歩しているものもなくはないが、それにしてもかけた労力と費用からすれば、ほとんど見るべき点はない。いったいこれはどうしてだろうか。これはやはり、一国の文明は政府の力だけでは発展させることができないからである。

●専制支配の弊害

人はこう言うかもしれない。「政府は当面の間だけ、力ずくの政策を使ってこの愚かな国民を管理している。やがて国民が賢くなって徳を身につけたら、文明国の仲間入りできるよう仕向けているのだ」。この考え方は、理屈はともかく実現するはずがない。

日本の人々は、数百年、数千年にわたって専制政治に苦しめられてきた。その結果、一人ひとりが信念に従って行動を起こすことができなくなっているのだ。人民はひれ伏すふりをして、身の安全を手に入れてきた。そして、罪をごまかし、人を騙すことは世渡りするための必需品と考えている。不誠実な振る舞いは日常の習慣のようになり、これを恥ずかしいと思う者も、おかしいと考える者もいない。恥を知るという感覚は世の中から消え失せてしまっている。これでは国を思う余裕などありはしない。

政府はこの悪習を何とか改めようと、ますます権威をかさに着て威張り散らす。ときには脅したり、叱りつけたり、これでもかと人民を誠実にしようとした。だが、人民はかえって不誠実になった。これはまるで、火を使って火事を消そうとするようなものだ。その結果、政府と人民の間の溝はますます深くなり、それぞれが独自の気風を帯びるようになってしまった。その「気風」とはいわゆる「スピリット」と呼ばれるもので、簡単に改められるものではない。

近年になって、ようやく政府の外見は大きく変わった。けれども専制政治の気風は今もある。国民も少しは権利を得たようではあるけれど、相変わらず卑屈で

権利
原文で「権利」の語を用いているのはここのみで、他は権理通義、権義である。

不信の塊のような昔のままの気風を残している。

●気風という名の呪縛

この気風というものは、目に見えるわけでもなく、たった一人のある場所での振る舞いを見て、決めつけていいものでもない。しかし、この気風の影響力は強い。世間のあらゆることにそれが見て取れることからすると、単なる思い込みではないことは明らかだ。

ひとつ例を挙げてみよう。今の政府の役職に就いている人には、ひとかどの人物と呼べる人がかなりいる。個人的に彼らの発言や行動を見聞きした限りでは、ほとんどの人は度量が大きく、文句のつけようがない。私も見習いたいくらいだ。また一方で、平民だからといって誰もが、やる気も能力もない愚かな人間というわけではない。一万人に一人くらいは、公明で誠実な人もいるだろう。

それなのに、そんな立派な人々が政府の職に就き、取り仕切っている政策には、賛成できないものが多い。また、誠実な良民も、政府が相手となるとたちまち卑屈になり下がり、あれこれごまかして役人を欺き、しかも恥を知らない。こんなに立派な人たちがお粗末な政治を行い、これほど善良な民が卑劣になるのは

気風
目に見えないが強い影響力を持つものとして、「空気」と近い意味を持つ。山本七平（一九二一～一九九一）の『「空気」の研究』などで、合理的な選択を妨げたり、個人個人が能力を十分に発揮できないでいたりする原因として長く議論の対象になっているテーマである。

どうしてか。まるで一人の中に人格が二つあるようだ。一人の人としては賢いのに、役職につくと愚かになる。あるいは、個人としては素晴らしい人間なのに、集うとろくでもなくなる。政府はたくさんの優秀な人材を集めて、一人の無能が行うようなことをしていると言わざるをえない。非常におかしいことである。

おそらくその原因は、気風というものに縛られて、一人ひとりが個人としての働きを思う存分できないからではないだろうか。明治維新以来、政府が主導して学術、法律、経済などを発展させる道筋を拓こうとはしてきたが、効果はなかった。その病の原因はまさにここにあるのだ。

●政府の限界

それなのに今、一時的に強引なやり方で国民を指導し、知恵や道徳が身につくのを待つというのは、政府の権威で人々に文明を強要するものではないか。そうでなければ、人々を欺いて善良な国民へと導く策と言える。だが、政府が脅しをかければ、人々は偽りの対応をする、政府がごまかせば、国民はうわべを取り繕って従うふりをするだけだ。これは賢明な方策とは言えない。かりにその策が巧妙に練られたとしても、文明を発展させる上ではなんの効果もない。だからこう言おう。「一国の文明を発展させるためには、政府だけの力に依存してはならないのだ」と。

●「官」ばかりを見ている洋学者

以上のように考えていくと、今、この国の文明を発展させるためには、まず人々の心に染みついた気風を一掃しなくてはならない。これを一掃するには政府の命令でも難しいし、誰か見識ある人が諭しても無理というもの。率先して事業を興し、国民に身をもって手本を示せる人が世の中に必要なのだ。

その手本となりそうな人を今探してみても、農民の中には見あたらない。商人の中にも、和漢の学者の中にもいない。適任なのは、洋学者だけである。

けれども、この洋学者にも頼りきれない実情がある。このところようやく、洋学派が世の中に増えてきた。また、横文字を教えたり、翻訳書を解読したり、ひたむきにがんばっているようには見える。しかし、ただ字が読めるだけで、その意味することは理解できないようだ。あるいは、意味はわかってはいるものの、それを実践しようという気がないのかもしれない。そうした振る舞いについて、私としては評価できない。こうした学者先生たちは、官の方ばかり見ていて、民

気風の一掃
福澤は、封建時代の気風を一掃し、西洋の近代的な思想や精神をもたらして、日本人を近代的な「国民」にすることこそが、日本の独立を保つために必要だと考えていた。そのためには、政府が頑張るだけではだめで、民間が自ら育つことが大事だというのが福澤が一貫して主張してきたことである。

というもうひとつの存在に気づいていないようだ。政府に入って偉くなりたいとは思っても、政府の外で活躍するという選択肢を知らないのではないだろうか。これでは、政府に取り立ててもらいたいという漢学者の悪い習慣から抜け出せておらず、さしずめ洋学者の服を着た漢学者のようなものである。

試しにその実例を挙げてみたい。今の洋学者たちはほぼ皆、官職についている学者も、何もそれで活躍している人は指折り数える程度だ。官職についている学者も、何もそれでうまい汁を吸おうなどと企んでいるのではないだろう。ただ、これまで受けてきた教育で染みついた発想のせいで、政府ばかりに目を奪われてしまい、政府でなければ事はなせないと思い込んでいる。それによってずっと抱いてきた青雲の志を遂げようとしているのだろう。世に名高い大家と言われる先生といえども、この考えから抜け出せていない。

●官尊民卑の気風

このような考え方はさげすむべきことかもしれないが、志そのものはさほど咎めるべきものでもない。志が悪いと言うよりも、単に世間の気風に酔っていて自分はそのことに気づいていない。立派な人だと言われる人物ですらこの始末であ

政府の事業
一八七三（明治六）年、大久保利通が内務省を設立し、政府の主導で近代化を強力に進めていく方針が定まった。その中でも殖産興業は大きな柱であり、多くの事業が政府の主導で興っていった。

る。世の中の沢山の人たちがこれにならってしまうのも当然だ。

まだ学問の道なかばの青年がたかだか数冊ほど本を読んだくらいで、すぐに官職を志望する。あるいは、志を持っていながら、いくらかの元手がある商人は、政府の名を借りて商売しようとする。学校も政府のお墨付き、牧師も政府のお墨付きなら、牧畜も養蚕業も同様だ。このように、民間の事業が十あるなら、そのうち七つか八つまでは政府が関与している。

おかげで世の中の人々は、ますますその傾向に流され、政府にすり寄ってすがり、政府を怯れへつらう。独立の気概を示そうとする人など少しもいない。その醜態は見るに耐えない。

●卑屈な言論の体たらく

また、今の新聞や、政府に宛てて出される書状や意見書などもその一例だ。出版についての規制はさほど厳しいわけではないのに、新聞の記事では政府の機嫌を損ねるようなことにはまったく触れなくなった。のみならず、政府が何か少しでもいいことをしたら、大げさに褒める。遊女が客に媚びるようなものだ。

しかも意見書の内容を見ると、文章が卑屈きわまりない。みだりに政府にへつ

政商
政府と結託して新事業を開拓し、独占的に利益を上げた特権的資本家。財閥はその代表例。

新聞
明治初期は新聞の創刊が続き、日本初の日刊紙として『横浜毎日新聞』が一八七一年一月（明治三年十二月）に、『東京日日新聞』（現在の毎日新聞）と『郵便報知新聞』（現在のスポーツ報知）が一八七二年に創刊された。

言論の取締
新聞紙条例が成立して取締りが厳しくなるのは一八七五（明治八）年なので、第四編が出た次の年である。

らい、神か何かのように崇めている。自分からすすんで卑屈になる様子は、まるで自分が罪人か何かのつもりだろうか。対等の人間世界ではありえないような、うわべだけの文言を並べながら平然として恥じる様子もない。

こんな文章を読んで、それを書いた本人を思い浮かべてみるのだが、狂っているとしか思えない。しかし、今こうした新聞を発行し、政府に意見書を出す者は、たいてい洋学者連中なのである。その人たちも個々に会ってみれば、遊女のようでもなければ狂人でもない。

●ただ政府ありて、未だ国民あらず

こんなにもひどく誠実さを欠くようになった理由とは、これまで世の中に国民の権利を主張する実例がなかったからだ。それでただの卑屈な気風に身動きをとれなくされ、迎合するものだから、国民の本領を発揮できないでいるのだ。

要は、日本には政府はあるけれど、いまだに国民がいないということだ。だからこう言いたい。国民の気風を一新してこの国の文明を進歩させにるは、今の洋学者たちも当てにすべきではない。

「国民」と「人民」

ここで示されている「国民」像は権利と義務を自覚した市民の姿だが、「人民」を使うときは江戸時代の幕府と民の関係を示す場合など、国民意識形成以前の人々を指すことが多い。本書では、原文が「人民」であっても、文意的に「国民」という意図の場合は適宜「国民」と訳している。

●慶應義塾社中の使命

ここまで論じてきた内容が本当に正しいとすれば、日本を文明国にし、独立を保つのは政府だけの力でできるものではない。また、今の洋学者に依頼しても不十分だ。私たちの使命として、まず自分自身から事業を興し、愚かな国民の手本となるだけでなく、彼ら洋学者たちにさきがけて、向かうべき方向を示そうではないか。

今、私たちの社会での立ち位置を考えてみると、その学識は浅いのだが、西洋の学問を志して久しい。だから、この国では、中くらい以上に位置しているだろう。近頃の世の中の改革も、私たちが率先して始めたことであり、あるいは陰ながら支えてきたことが実を結んだものだ。実際手を貸していない改革も、改革自体は私たちが望んでいるものと同じだ。だから、世間も私たちを改革者の仲間として見てくれるのはまちがいない。

私たちにはすでに「改革者」の名があって、社会的な影響力も中くらい以上の地位にある。世間では、私たちの取り組みを見て、手本にする人も出てくるだろう。そうだとすれば、今、率先して事をなすことこそ、私たちの使命である。

私たち
慶應義塾社中（慶應義塾の塾生、教員、卒業生など関係者の総称）のこと。福澤は社中をひとつのカンパニーと考え、「社中協力」を体現した。

●率先して実践せよ！

そもそも事をなすときには、命令するよりも諭したほうがいい。諭すよりも自ら実例を見せたほうがいい。ところが政府はただ命ずる力があるだけだ。諭したり実例を見せたりするのは、民間の役割と考えるべきだ。

だから、私たちは率先して民間でやっていくという立場を明らかにした上で、学術を教えたり、経済活動に従事したり、法律を論じたりすべきだ。また、本を書いたり、新聞を発行したりするなど、国民としての立場を逸脱しない範囲であれば、遠慮なく活動すべきだ。法律を固く守って、正しく事に対処していこうではないか。また、国の命令がきちんと示されなかったり、そのために被害を被ったりしたら、自分の立場をおとしめることなく、堂々と論じ、政府の中枢に鋭い批判を加えようではないか。そして古い習慣を打ち破り、国民の権利を回復させることが急務である。

●民間の向かうべき方向

もちろん民間の事業というのはさまざまで、運営する人にも得手不得手がある。わずか数名の学者で何でもかんでもできるわけではない。けれども私たちが目指すのは、物事をうまくやれるということを示すことではない。ただ、世の中に民間として向かうべき方向を伝えることなのだ。

百回の説明より、一回実例を示した方がよい。今こそ私たちが、政府に頼らない実例を見せて、「世の中の事業は政府任せのものばかりではない。学者は学者で民間として事業に取り組もう。町人は町人で政府に頼らず事業を興そう。政府も日本の政府であり、国民も日本の国民である。政府を恐れず、歩み寄っていけばいい。政府を疑うのではなく、親しんでいけばいい」という趣旨を世間に知らせたいのだ。そうすれば国民もようやく向かうべき方向がわかってくる。上が威張り、下がへりくだるという独特の気風も次第に消滅するだろう。

そうして初めて真の日本の国民が誕生する。もはや国民は政府のおもちゃではなく、政府に対する良い刺激となるだろう。学術、経済、法律の三要素も自然と国民が共有するようになり、国民の力と政府の力がお互いに調和し、それによって日本全土の独立は保たれるだろう。

以上、論じてきたことは要するに、今の世の中の学者が日本の独立を助けようと思ったら、政府に所属して国の立場で事業をするのと、政府の所属から離れて民間で取り組むこととの、得をする点と損をする点とを比べたものだ。そして本論の趣旨は、政府に頼らない方法を指示するものである。

この世にあるものをすべて詳しく観察してみると、利益にならないものは、必ず悪害となる。得にならないものは、必ず損になる。得と損とが半々で釣り合っているものなどない。私たちは他意があって「政府に頼るな」と言っているわけではない。ただ、日頃考えていることをはっきりさせて論じただけのことだ。もし、私たちを論破して、政府に頼らないことの損失を確かな証拠を挙げながら論じる人がいたとしよう。その時は、喜んでそれを受け入れ、世の中の害にならないようにしようではないか。

付録　質問に答える

本編について二、三質問があったので、その回答を付記しておきたい。

問いその一。事業を達成するには、力がある政府に頼ったほうが便利ではないか。

お答えしよう。文明を発展させる上では、政府の力だけに頼ってはいけない。

理由は本編ではっきり述べたとおりだ。政府はこれまで数年にわたり、事業に取り組んできたものの、いまだに効果がない。果たして民間であれば成功するかどうかはわからないけれども、理屈の上では明らかに見込みがあるとすれば、試さない手はない。試してもみないうちから成否を疑うのは、勇気ある人とは言えない。

問いその二。政府には人材がいない。有能な人物がこれ以上離れていったら、政府の仕事に差し支えが出てこないだろうか。

お答えしよう。けっしてそんなことにはならない。むしろ今、政府は役人が多すぎて困っている。実務を簡素化して役人の数を減らすことで、実務そのものもすっきり整理される。そしてその人材を民間の業務に回せば、一挙両得だ。ことさら政府の実務を増やし、有能な人材を独占して無駄な仕事をあてがうなど、非常に非効率な方法と言える。それにこうした優秀な人材は、政府を離れたとしても国外に行ってしまうわけではない。日本にいて、日本のために仕事をしてくれるのであるから、何も心配することはない。

問いその三。政府の外に人材が集まれば、自然ともうひとつの政府のようになって、もともとの政府の権限が弱まらないだろうか。

お答えしよう。これは器の小さい者の意見である。民間人も政府の役人も、日本人であるのは同じで、ただ違う立場で事業に取り組んでいるだけである。実際のところ、お互いに助け合って、共に日本全国の利便をはかっている。だからお互い敵ではなく、真に利益をもたらす友人同士なのだ。また、もしこの民間の人物が法を犯したら、罰してかまわない。だからまったく恐れることはないのだ。

問いその四。民間で働こうにも、政府の役職を辞めてしまったら生活の道がなくなる。

お答えしよう。これは学問に通じ、徳を磨いた人が口にする言葉ではない。すでに学者であることを公言し、世の中について考えている人が、どうして何の特技もないことがあろうか。何か特技があれば、それによって生計を立てるのは難しくはない。また、政府に所属して公務につくのも、民間で事業に取り組むのも、それぞれの難易度が違ってくるという理屈はない。

もし、政府の仕事が楽で、民間の事業より実入りがいいとすれば、それは金をもらいすぎというべきだろう。働き以上の利益をむさぼるのは、立派な人間のやることではない。能力も技能もないのに、たまたま運がよくて政府の職につき、みだりに給料をむさぼって贅沢にふける。それでいて暇つぶしに天下国家を論じている者は、私たちの仲間ではない。

（明治七年一月出版）

第五編　「ミドルクラス」が文明を先導する

- 外国と対峙するのに必要なものは、「国民の独立の気概」である。
- 他人に対して初めから恐れを抱いていると、何を学んだとしても人に還元できない。
- ミドルクラス、つまり中間層こそが文明を推進する存在である。
- 特に学者に期待が集まっているが、能力を身につけるためには読書だけでは不十分で、実際の経験を積む必要がある。

●第四編・第五編が難しい理由

この『学問のすすめ』は、もともと民間の読み物を念頭にしている。あるいは小学校で使う教科書として書いたものだ。だから、初編から第二編、第三編までは、なるべく簡単な言葉を使って、文章を読みやすくするよう心がけた。だが、

第四編では少しばかり文体を変えたり、難しい言葉を用いたりした箇所がある。同じようにこの第五編も、明治七年一月一日に慶應義塾の仲間たちとの会合の際に語った内容を文章に記したものなので、語り口も第四編と同じようにわかりにくいかもしれない。もともとこの第四編と第五編の二編は、学者を相手に論じているものなので、少し難しくなっている。

●この二編は学者向け

世の中の学者はたいてい腰抜けで、気力はふがいない。しかし言葉を理解する眼だけは、さすがに確かだ。どんな難しい文章も困らない人ばかりだから、この二編にも遠慮なく難しく書かせてもらった。内容もおのずから高尚になり、そもそも大衆に読んでもらいたい『学問のすすめ』の趣旨を失ってしまった。学びを志す初心者にはたいへん気の毒ではある。しかし第六編以降は、またもとの平易な文書に戻り、わかりやすさを第一にして初心者向けとして、難しい言葉は使わないつもりだ。したがって、この二編だけを読んで、全体の難易を評価しないでいただきたい。

学者相手の議論
明六社の学者相手の第四編と、慶應義塾の社中相手の第五編など、この時期（明治七年初頭）の福澤は大衆の啓蒙とは別に学者相手にしっかり議論をする必要性を感じており、そのため体系立った書物を著すことを構想し始め、翌年の一八七五（明治八）年に『文明論之概略』を刊行した。

明治七年一月一日のあいさつ

●今までは一国内の独立だった

私たちは、今日この慶應義塾に集い、明治七年一月一日を迎えた。この年号というものは、我が国が独立していることを示している。また、この塾は、私たち仲間が独立していることを示している。独立した塾で、独立した新年を迎えることができるのは、何と喜ばしいことだろう。思うに、手に入れて嬉しいものは、失うと悲しいものだ。だから、今日は喜んでいても、いつか悲しむ時がやって来るかもしれないことを忘れないでいただきたい。

古来我が国は、世の中が治まったり乱れたりするごとに、政府も挿げ替えられてきた。ただし、今日に至るまで国の独立を失うことだけはなかった。その理由は、鎖国という環境の中で、国内がいくら乱れようと廃れようと、外国とは関わらずにすんだからだ。よその国と関係がなければ、国をよく治めるのも一国内だけ、乱れるのも一国内だけのこと。また、こうした治乱を通じて失わなかった独立も、ただ一国内の独立であって、いまだに、外国と戦って勝ち取った独立では

明治七年
前年の明治六（一八七三）年には政府内で征韓論をめぐる政変が起こり、対外関係を強く意識しなければならない年となった。実際、この年には台湾出兵、翌年には李氏朝鮮との間に江華島事件が起こっている。

政府の交代
鎌倉幕府、室町幕府、織豊政権、江戸幕府など、政体は何度も変わってきた。

外国の侵攻
近世以前では最も有名なのは二度の元寇（一二七四（文永十一）年、文永の役、一二八一（弘安四）年、弘安の役）だが、その他には一〇一九（寛仁三）年の刀伊の入寇、一四一九（応永二六）年の応永の入寇がある。いずれの侵攻でも、日本が征服されることはなかった。

なかった。
これは、たとえるなら、家の中だけで育てられ、いまだよその人に接したことのない幼児のようなものだ。そのか弱さはよく覚えておくべきだろう。

●外国と対峙するのに欠けているもの

ところが今や、外国と交流が一気に開け、国内の仕事でも、どれひとつとして外国と関わりのないものはない。さまざまな事柄を、外国と比べながら処理していかなくてはいけない状況になっている。これまで私たちがかろうじて築いてきた文明のあり方を、西洋諸国のものと比べてみよう。はるかに及ばないばかりか、西欧文明を真似ようにも差が開きすぎていて、挫けそうになってしまう。ますます我が国の独立はあやふやなものであることがわかる。

国の文明は、形だけで評価してはいけない。学校にせよ、工業にせよ、陸海軍にせよ、こうしたものは皆文明の形にすぎない。形を作るのなら、ただ金で買えばよいのだが、文明にはもうひとつ、形のないものがある。これは目に見えず、耳にも聞こえない。売り買いすることも、貸し借りすることもできない。すべての国民の間に広く存在し、強い作用を及ぼしている。これがなければ、先ほど

文明
福澤は文明を「人の身を安楽にして心を高尚にする」ものと捉え、さらには「天下衆人の精神発達」であるとした。物質の豊かさではなく、あくまでも精神的側面を重視していることがポイントである。

言った学校や工業も使いものにならない。これはまさに「文明の精神」と言うべき重要なものである。一体、それは何だろうか。

これこそまさに「国民の独立の気概」である。近年、我が国の政府はさかんに学校を建て、工業を活性化させ、陸海軍も大きく制度を改めた。その結果、文明の形だけは、ほぼ備わったようだ。けれども、我が国の独立を確固なものにしようと、諸外国と競争する人物がいまだに国民の中から出てこない。しかも、ただ競争をしないだけではない。せっかく外国の事情を知る機会を得た人も、詳しく調べるでもなく、ただ恐れているだけなのだ。他人に対して初めから恐れを抱いている状況では、たとえ自分に少しは得るものがあったとしても、なかなか人に還元できないままに終わってしまう。だから、国民に独立の気概がなければ、学校や工業といった文明の形も無用の長物になってしまう。

●国民の気力の退行

どうして我が国の国民は、こんなに気力がないのか。その原因をさぐれば、数千年、数百年前からずっと日本中の権力を政府が一手に握っていたからである。軍備はもちろん、学問、商工業に至るまで、世の中のどのようなな些細なことでも政府が関与しないものは何ひとつなかった。政府があちらと言えば、人民は言われたままにその方向へ走っていく。まるで、国は政府の私物であり、人民は居候のようなもので、昔から住まいを持たない居候として、この国でわずかばかりの飯を食わせてもらっていたにすぎない。だから国をどう思っているかというと、ただの仮の宿であり、深く切実に思うことなどなく、また、その気概を表現する場面もなかった。それがこのような気風を育ててしまったのである。

事態はそれだけにとどまらない。今日ではより深刻な問題が起こっている。だいたい世の中では、進歩しない者は退行するし、退行しない者は進歩すると決まっている。進歩も退行もせず、そのままの同じところにとどまる者はあり得ない。今、日本の様子を見ると、文明の形は進歩しているようには見える。だが文明の精神をになう国民の気概は、日に日に退行している。このことについて論じてみよう。

●権力の質の転換

昔、室町幕府や江戸幕府は、力ずくで民を支配していた。人民が政府に服従するしかなかったのは、人民に力が足りなかったからである。とはいえ人民は、政府に心から従っているわけではなかった。政府が怖いものだから、形だけ服従していたのである。

今の政府はただ力があるだけではない。知恵が素早く回るので、これまでのところ行動を起こす好機を逃したことがない。明治維新から十年もたっていないというのに、学校や軍隊を改革し、鉄道や電信網を敷設した。他にも石や煉瓦の洋風建築物を完成させ、鉄橋も架けた。その決断力の速さと手際の鮮やかさときたら、本当に人を驚かせるにたるものである。

しかし、この学校や軍隊は政府の学校や軍隊である。鉄道、も政府のもの、建物も鉄橋も政府のものだ。これを見て、国民は「政府はただ力があるだけではなく、頭もよさそうだ。自分たちは足元にも及ばない。政府は雲の上から国を治めているのだ。私たちはその下で政府の言うとおりにしていればいい。国の行く末を心配するのはお上の役目で、下々のかかわることじゃない」と思っていることだろう。

●外面の支配から内面の支配へ

おおまかに言うなら、昔の政府は力を用いて人民を支配し、今の政府は力と知

学校
一八七二年に学制が発布され、学校の整備が進んだ。

軍隊
一八七一年に徴兵規則が制定され、この兵力を背景に廃藩置県を断行。一八七三年には徴兵令が施行された。

鉄道
一八七二年に新橋—横浜間の鉄道が開業しており、第五編が刊行された一八七四年には大阪—神戸間が開通することとなった。

電信網
一八七〇年に東京—横浜間で電信による電報の取り扱いが開始され、数年の間に電信網が全国に張り巡らされた。

恵の両方を使って支配している。昔の政府は民を支配する手立てが乏しかったが、今の政府はそれをたくさん持っている。昔の政府は民を力でねじ伏せていたが、今の政府は民の心を奪う。昔の政府は民を外面から捉えていたが、今の政府は民の内面から支配する。昔の民は政府を鬼のように思っていた。今の民はこれを神のように思っている。昔の民は政府を恐れ、今の民は政府を拝む。このままの勢いで政府が方針を変えることなく突っ走ればどうなるだろうか。政府が音頭を取れば文明はじょじょに形となっていきそうにも見える。けれども、国民はもっと気概を失い、文明の精神に関してはだんだん衰えていくだろう。

今、政府は軍隊を常備している。本来なら国民はそれを国を守ってくれる兵備と考える、兵力の充実ぶりを祝って意気揚々となるはずだ。だが国民はこれを自分たちを脅す手段とみなし、恐れおののいている。今の政府は学校も、鉄道も作った。人民はこれを一国の文明の象徴として誇るべきなのに、むしろこうしたものは政府のご恩と見なし、すがりつこうという気持ちがますます強くなっている。

自分の国の政府に対してすら、国民は萎縮し震え上がっている。そんなことで、どうして外国と文明を競い合っていくことができるだろうか。だからこう言

支配の質の転換
この議論は『文明論之概略』でも出てくる。百年後の一九七五年に刊行されるミシェル・フーコー（Michael Foucault, 一九二六～一九八四）の『監獄の誕生』内で類似の議論がなされていることも興味深い（この中では、国家の権力が殺す権力から生かす権力に転換して、支配がより強化されたことを議論している）。

ミドルクラス（middle class）
原著では「ミッヅル・カラッス」。学問を修めて事業に取り組み、経済的自立をして主体的に行動できる中産階級のこと。

いたい。国民に独立の気概がなければ、文明の形をいくら作っても無用の長物だ。それればかりか、かえって民の心を萎縮させる道具になり果てるだろう。

●「ミドルクラス」が国を導く

以上、論じてきたことがら考えを進めるなら、一国の文明は上の方、つまり政府から起こるものではない。また、下の方、つまり人民から起こるものでもない。必ず両者の中間から生じて民衆がどこに向かえばよいかを示し、政府と肩を並べて初めて成功を期待すべきものだろう。西洋諸国の歴史を紐解けば、商売にせよ工業にせよ、その発展してきた過程で、政府が創造したものなどひとつとしてない。どれも皆、中間の地位にある学者の創意によってなし得たものばかりだ。蒸気機関はワットが発明し、鉄道はスチーブンソンが工夫したものだ。初めて経済の法則を論じ、商売の法を一変させたのはアダム・スミスの功績である。

こうした偉大な人たちは、いわゆる「ミドルクラス」、つまり中産階級に属していた。国の政治を執り行っていたのでもなければ、下層の肉体労働者でもない、まさに国の中では中くらいに位置し、知恵をもとに世の中で指揮をふるった人たちだ。

蒸気機関の発明
蒸気機関自体は古代から記録はあるものの、本格的なものは鉱山の排水用に用いられたニューコメン（Thomas Newcomen, 一六六四〜一七二九）の発明が最初とされている。ジェームズ・ワット（James Watt, 一七三六〜一八一九）はニューコメンの蒸気機関の改良に成功し、熱効率を大幅に上げて工場の動力として使用される道を拓いた。

鉄道の発明
蒸気機関車を発明したのはリチャード・トレビシック（Richard Trevithick, 一七七一〜一八三三、発明は一八〇二年）だと言われており、ジョージ・スチーブンソン（George Stephenson, 一七八一〜一八四八）は実用化に成功した人物とされている。

●民間の力が文明を推進する！

こうした発明や工夫が個人の心に浮かんだら、これを公にして実施するに、まず民間の有志が団結すること、そして組織を結成し、そこで事業をどんどん大きくするのだ。こうして、人々に計り知れない幸福を永く提供していくのである。その間、政府の義務としては、その事業を邪魔することなくうまくいくよう見守ること。人々の関心がよい方向に向かっているのを察し、保護するだけでよいのだ。

このように文明を推進する者は民間人であり、文明を保護する者は政府である。こうして、一介の国民がまるで文明を所有しているかのように競い合い、時にはうらやましがったり、誇ったりもできるようになる。そして国内でひとつでも素晴らしい事業が実を結べば、国中の人が賞賛の拍手を惜しまない。あとは他国に先を越されないよう気をつければよいだけだ。

このように文明を発展させることなら何でも、国民のやる気を高める上での材料となる。そしてその一つひとつが国の独立の助けになるのだ。こうした西洋の事情は、我が国のありさまとはまさに正反対と言えるだろう。

アダム・スミス
Adam Smith, 一七二三〜一七九〇。イギリスの哲学者、経済学者。主著に『道徳感情論』『国富論』があり、古典派経済学の生みの親として有名だが、当初のキャリアは道徳哲学からスタートしていることに留意する必要がある。

今、我が国の中産階級の地位にいて、文明の先導役となって国の独立を保つべき人といえば、唯一、学者がいるだけだ。しかしこの学者というのが、時勢についての見識が高くない。あるいは国を憂える気持ちが、自分自身を心配するほどには切実ではない。もしくは世間の気風に酔って、ひたすら政府にすがりついて何とかしようとでも思っているのか、誰もが民間の立ち位置で踏ん張ることなく、政府の職につく。そして、些末な仕事のために走り回ったあげく、心身共にくたくたとなっている。お笑いぐさではあるけれど、本人はそれを何とも思ってないし、誰もおかしいとは思わない。ひどいものになると「民間にはろくな人材が残っていない」などと言って、喜んでいる始末だ。これはもちろん今の時勢がそうさせるのであって、その人個人の罪ではないが、一国の文明にとっては、大きな災難だと言える。本来なら文明を牽引すべき立場の学者ですら、その精神は日に日に衰えていく。誰もがそれを傍観しているだけで真剣に心配する者もいないのは、実に嘆かわしいことであり、悲しくなってしまう。

●文明の先導者たれ

そんな中で私たちの慶應義塾だけは、この災難から逃れて、何年も独立という名目を失わず、独立した塾として、独立の気風を養ってきた。私たちが目指しているのは、「日本全国の独立を保つ」という一言に尽きる。

とは言っても、時勢が世の中を支配する勢いは、急流や台風のように強烈だ。この勢いに逆らって毅然としているのは、簡単ではない。強靭な勇気や能力がなければ、知らず知らずのうちに流され、なびいてしまい、ややもすれば足元をすくわれかねない。そもそも人の勇気や能力は、読書だけで得られるものではない。読書は学問の手段であり、学問は事をなすための手段だ。実際の体験を積まなければ勇気や能力は体得できない。

私たちの仲間で、誰かすでにそうした技術を身につけた人は、貧しさや苦しさなどものともせず、困難に身を投じて、持っている知見を文明のために活用していただきたい。活躍すべき分野は数えきれない。商売につとめなければならない。法律について議論しなくてはならない。工業を興さなければならない。農業を振興させなくてはならない。著書、翻訳、新聞の出版も行わなくてはならない。文明を進歩させる事業ならことごとく自らの手中に収めよう。そして国民のさきがけとなって政府と助け合い、あるいは官と民の力の均衡を図りながら、国全体の力を充実させてゆく。同じ独立でもこの弱々しくおぼつかない状態から、ゆるぎない基礎の上に立つ独立へと移行してゆくのだ。その上で一歩も譲ることなく外国と競い合ってゆくのだ。
そうして時を重ねて数十年後の新年、今日のこの日を振り返ってみたとき、今現在の独立の姿を喜ぶよりも哀れんで笑えるほどの状況になっていたとしたら、これほど愉快なことはないだろう。だから学者の皆さんには、進むべき方向をしっかりと定めてほしいと期待している。

（明治七年一月出版）

第六編　法とは何か

・政府は国民の代表であり、法はその仕事として制定したものなので、国民はこれを尊び、守らなければならない。
・敵討ちは政府に委ねた役割を勝手に奪うことであり、許されない。
・見解が異なる人を罪人だと決め付けて暗殺するのは、最大の害悪である。
・世の現状とあっていない法律があったとしても、犯してはならない。おかしいと思ったならば異議を申し立てるべきである。

国法は尊い

●政府の役割と法

政府とは、国民の代表だ。国民の考えに従って働くものだ。その役割は、罪を

国家の役割
社会契約論には、国民の代表として政府に役割を担わせるという考え方があるが、その「役割」の幅については議論があり、最低限の国防や治安の維持だけにしてあとは民間に任せるべきという立場や、医療や介護などを中心に、政府が国民生活の質を保証すべきだという立場もあり、今日に至るまで議論は繰り返されてきている。

犯した人間を捕まえて、罪のない人間を保護することだ。これは国民の意思であって、その通りにやれば、この国はよりよくなるだろう。

そもそも罪を犯した人間は悪人で、罪のない人間は善人だ。たとえば今悪人がやって来て、善人に危害を加えようとしているならば、善人は自分の身を守るだけでなく、父母や妻子を殺そうとする者がいれば、捕らえて返り討ちにし、家財を盗もうとする者がいれば捕まえて鞭打ってもかまわないだろう。

けれども一人の力で大勢の悪人を相手にし、防ぐのはとても無理というもの。たとえ対処できたとしても莫大な費用がかかり、割に合わない。だから、国民の総意をもとに政府を代表として立てて、善人を保護する役割を任せたのである。その代償として、役人の給料はもちろん、もろもろ含めた政府の運営費を国民全員で負担しようと約束したわけなのだ。

それに加えて政府は、国民の代表となって仕事をする権限を持っている。だから政府が行っていることは、つまり国民が行っていることなのだ。国民は政府の法に必ず従わなくてはならない。これもまた国民と政府の約束事だ。

つまり、国民が政府に従うということは、政府が作った法律に従うのではなく、自分たちで作った法律に従うことなのだ。だから、国民が法を破るとしたら、それは政府が作った法を破るのではなく、自分で作った法を破ることになる。また、その法律を破って刑罰を受けるのは、政府に罰せられるのではなく、自分から定めた法によって罰せられるのである。この趣旨を例えれば、国民は一人二役を演じているようなものだと言える。役目の一つ目は、自分の代表として政府を擁立し、国中の悪人を取り締まって善人を保護することだ。二つ目の役目は、政府との約束を固く守り、政府の法律に従うことによって保護を受けることだ。

●許されざる「私裁」

このように、国民は政府と約束を交わし、法を作る権利を政府に任せたのだから、絶対にこの約束を破って法に背いてはならない。人殺しを捕まえて死刑にするのは政府の権限であり、盗賊を捕らえて刑務所に入れるのも政府の権限である。訴訟事を裁くのも、乱暴やいさかいを取り締まるのも同様だ。こうしたことについて、国民はちょっとでも手出しをするものではない。もし、心得違いを起こして、勝手に犯罪者を殺したらどうなるか。あるいは、盗賊を自分で捕まえて鞭打ったらどうなるか。これは国の法を犯して、勝手に他人の罪を裁いたことになる。これを「私裁」といい、許されない罪である。

私裁
「私刑（リンチ）」とも言う。国家ないし公権力の法と刑罰権に基づくことなく個人または特定集団により執行される私的な制裁のこと。一八七三年の太政官布告第三十七号により復讐が禁止され、以後は公形主義が貫かれている。

このことについて、文明諸国の法律は非常に厳格だ。いわゆる「威ありて猛からざる」といったところか。この日本では、政府の権威は高いように見えるが、実際には国民の中には政府が尊いと恐れてはいるものの、法律が尊いことを知らない者がいる。今、ここで、どうして私裁がよくないか、なぜ国法が尊いのかという理由を記してみたい。

●強盗を殺してもよいか

たとえば我が家に強盗が押し入ったとしよう。家の者を脅して金を奪おうとしている。この場面で主人がすべきことは、犯罪の一部始終を政府に訴え、対処を待つことだ。だが実際は、訴えている場合ではない。まごまごしているうちに強盗は土蔵に押し入って、金を持ち出そうとする。これを止めようとすると、主人自らの命も危ない状況だ。そこでやむを得ず家の者たちと連携し、自分たちでこれを防ぎにかかる。まずは、緊急の対応としてこの強盗を捕まえて、おとなしくさせる。そして、そのあとに政府に訴え出るのである。

強盗を捕らえる際は、棒を使うこともあるし、刃物をかざすこともあるだろう。場合によっては強盗が負傷したり、足を折ったりすることもある。ことが急

威ありて猛からざる　威厳はあるが粗暴ではない、ということ。もとは『論語』「述而」で孔子を形容した言葉。

正当防衛　法治国家においては不正な侵害の排除は本来は国家機関の任務とされており、被害者その他の私人による実力行動は原則として許されていないが、唯一認められているのが生命、身体、財産などを守るために行う正当防衛である。ただ、それが防衛の程度を超え、やむを得ずにした行為とは言えない場合は過剰防衛となる。

なときは、鉄砲で撃ち殺すことだってあるだろう。最終的に家の主は、自分の生命と財産を守るために、一時の対処をしたということだ。決して、この盗人の無礼を非難し、その罪を罰したわけではない。

罪人を罰する権限は政府だけにある。個人が勝手に処罰するものではない。だから、自分の力でこの強盗を取り押さえた以上、一市民としてその人間を殺害したり、殴ったりしてはいけないのはもちろん、指一本触れることも許されない。ただ、政府に報告して、政府に判断をゆだねるだけである。もしも賊を取り押さえた上に、怒りにまかせて犯人を殺害したり、殴ったりしたらどうなるか。その罪は、無罪の人を殺したり、殴ったりするのと変わらない。

たとえば、ある国の法律に、「盗みを働いた者は一〇円につき鞭打ち一〇〇回の刑。足で人の顔を蹴った者も鞭打ち一〇〇回の刑」とあるとしよう。ある家に泥棒が入って、一〇円を盗んで逃げようとした。だが、主人に見つかって取り押さえられたとする。ところが、主人は頭にきて、縛られている泥棒の顔を足で蹴ってしまった。この顚末をこの国の法律によって裁くとこうなる。まず、泥棒は一〇円を盗んだ罪で、鞭打ち一〇〇回の刑を受ける。そして主人もまた、一般人の身で勝手に盗賊の罪を裁き、顔を蹴った罪によって鞭打ち一〇〇回の刑を受けることになる。一国の法律をきちんと守らせるというのは、こういうことだ。皆は、そのことを重く受け止めなければならない。

以上の理屈から考えると、敵討ちがよくないことも納得できる。自分の親を殺した者は、つまりその国で一人の人間を殺した犯罪者である。この犯罪者を捕まえて刑罰を与えるのは政府だけの役割で、一般人が手出しをすることではない。殺された被害者の子であろうとも、政府の代わりに勝手にこの犯罪者を殺していいという理屈は通らない。この行為は、差し出がましいというだけではなく、国民としての役割をはき違え、政府との約束に背くものだと言える。もしこの一件で、政府の裁きが適切でなく、罪人を贔屓しているとしたら、その理不尽な点を政府に訴え出ればよいだけだ。どんな不手際があろうと、決して自分から手を出してはいけない。たとえ親の敵が目の前をうろついていたとしても、勝手に殺してはならないのだ。

●赤穂浪士の大罪

徳川の時代に、浅野家の家来が主人の敵討ちとして、吉良上野介を殺したことがあった。世に言う「赤穂の義士」だ。何という間違いだろう。当時、日本の政

吉良上野介
本名は吉良《きら》義央《よしなか》。一六四一～一七〇三年。江戸時代の高家旗本。高家とは、江戸幕府における儀式や典礼を司る役職で、石高に比して官位が高いのが特徴。一七〇三年一月三十日（元禄十五年十二月十四日）、赤穂浪士に討たれた。

赤穂の義士
大石内蔵助良雄など元赤穂藩士四十七名。彼らをモデルにした文楽や歌舞伎の演目「忠臣蔵」などが大変な人気を博し、「義士」と呼ばれた。

府は徳川幕府だった。浅野内匠頭も吉良上野介も、浅野家の家来も皆日本の国民だ。だから政府の法に従い、政府の保護を受けると約束していたわけである。ところが、ささいな行き違いから、上野介は内匠頭に無礼を働いた。内匠頭はそのことを政府に訴えず、怒りのままに上野介を切ろうとして、ついには争いごとになってしまった。徳川幕府は裁判を開き、内匠頭に切腹を申しつけた。一方の上野介は無罪となり、不当な判決となった。

しかし、それならどうして浅野家の家来は、この裁判は不公平だと政府に訴えなかったのだろうか。四十七士の面々が申し合わせて、それぞれの筋を通す形で、法に則って政府に訴えていたらどうなっただろうか。当然のことながら徳川幕府は力で抑え込む政府なので、最初はその訴えを取り上げないだろう。もしかしたら訴えた者を殺すかもしれない。

しかし、たとえ一人が殺されたとしても恐れることなく、また、次の家来が訴え出ればよいのだ。殺されても訴え、殺されても訴える。そして四十七人の家来が正当な裁きを訴えて、しまいに命を失い尽くすことになれば、どんなに悪い政府でもとうとうその言い分を聞き入れることだろう。上野介にも刑を加えるよう、裁判をやり直すはずだ。

浅野内匠頭
本名は浅野《あさの》長矩《ながのり》。一六六七～一七〇一年。江戸時代の赤穂藩主。江戸城中で吉良義央に斬りつける刀傷事件を起こし、切腹。浅野家は改易となった。

浪士の訴え
実際には、大石良雄はお家再興の嘆願書を出していたが、聞き入れられず取り潰しとなっている。いずれにせよ、それでも敵討ちではなく、訴え続けよというのが福澤の趣旨。

このようにしてこそ、彼らを本当の義士と称えるべきである。にもかかわらず、その道理をまるでわきまえていない。国民の立場なのに国法の大切さを顧みず、浅野家の家来たちは勝手に上野介を殺してしまったのだ。これは、国民としての役割をはき違え、政府の権限を侵して、私的に人の罪を裁いたと言うべきだ。

幸い、徳川の政府はこの乱暴者たちを刑に処したので、無事に収まったけれども、もしこれを許していたら、今度は吉良家の一族が敵討ちとして赤穂の家来を殺すのは間違いない。そうして殺された家来の一族が、また敵討ちとして浅野家も一族を襲うだろう。敵討ちが敵討ちを呼び、きりがない。最終的に双方の一族や仲間が死に絶えるまで、殺し合いは収まらない。いわゆる無政府状態、無法状態とはこのことだ。私的な裁きが、いかに国に害を及ぼすか。このようなことは、けっして行ってはいけないのである。

●「切捨御免」という理不尽

昔の日本には、百姓、町人などが侍に無礼な振る舞いをすると、切り捨ててもかまわないという法律があった。これは、私的な制裁を政府が公に許したということであり、とんでもない話だ。国のあらゆる法律は政府だけが施行するもの

赤穂浪士の処分
処分裁定の際、林鳳岡、室鳩巣などが助命を主張したのに対し、荻生徂徠が私論（私的な怨み）よりも公論（法律）を優先すべきだとして切腹論を主張し、採用された。

切捨御免
「無礼討ち」とも呼ばれる。実際のところは審査が厳密で、認められることは少なく、命懸けの権利行使になる。

だ。あちこちで法を行使できるようになると、政府の権限はどんどん弱まっていく。たとえば封建制度の頃、三〇〇もいた諸侯がそれぞれに領民を生かしたり殺したりする権限を持っていた。当然、中央政府の力もそのぶん弱かったはずだ。

●暗殺は最大の害悪

私的な裁きのうち、もっとも極端で社会の害になるのは暗殺である。過去の暗殺の事例を見てみると、個人的な恨みのために殺す者も、金銭を奪うために殺す者もいることがわかる。こうした暗殺に手を染める者は、初めから罪を犯す覚悟があって、本人も罪人であるということを認識しているものである。

ところがまた別の種類の暗殺がある。これは私的な理由ではなく、いわゆる「ポリティカル・エネミー」、すなわち政敵を憎んで殺すというものだ。世の中のことについて、それぞれ違う意見を持つのは当然なのに、自分の見解で勝手に罪人と決めつける。そして政府の権限を侵して、好き勝手に人を殺す。その行為を恥じないばかりか、かえって得意満面で「私が天誅を加えてやった」と言う。さらには、その人間のことを国の恩に報いる者だと呼ぶ者さえいる始末だ。

そもそも天誅とは、いったいどういうことか。天に代わって懲らしめていると

暗殺
幕末から明治初期にかけて暗殺が相次いでいた上、福澤自身も暗殺されかけていた（第３部参照）。

天誅
天罰の意だが、幕末から横行していた暗殺を正当化するための言葉として用いられていた。

でも言うつもりだろうか。もしそのつもりだとしたら、まず、自分自身を振り返ってみろと言いたい。今までずっとこの国にいて、政府にどんな約束をしてきたのか。必ず国の法律を守って、身の安全を守ってもらうことを約束したはずだ。もし国の政治に不満があって、国を害する人物を見つけたとしたら、冷静に政府へ訴えるべきだ。それなのに政府を差し置いて、勝手に天に代わって人を裁くとは、役割を甚だしくはき違えている。

結局、この手の人物は、まじめではあるけれど、物事の道理がわかっていない。国の行く末を心配することはできるが、なぜ心配するような国になったのかがわからない。考えてもみよう。古今東西、暗殺でうまく事を成し遂げ、世の中の幸福を増した者などいまだかつて一人もいないのだ。

●法を恐れず、役人を恐れる

国法の尊さがわからない者は、政府の役人を恐れるだけだ。役人の前では取り繕い、露見さえしなければ、悪いことをしても恥と思わない。それどころか、巧みに法を破って罪をのがれる者を非難せず、むしろよくやったと褒めるくらいだ。

このところ世間では、こんな話をよく耳にする。「確かにこれもお上の大法、あれも政府の表向きの公式な見解だ。けれども、事を行う際、こっそり、こんなふうに取り計らえば、表向きの大法に触れることなく、うまいことやれるんだ。これは公然の秘密だ」と。このようなことを談笑しても、誰も咎める者はいない。ひどい場合は、小役人と相談した上で内緒事を取り計らってもらう。そしてお互いうまくやって、罪がないもののようにしている。

もっとも、その「大法」というものがあまりにも煩雑で、実施には不向きだから、こんな内緒事が横行するようになったのだろうが、政治の観点から考えると、これは最も恐れるべき悪習なのである。このように国法を軽視する風潮に慣れてしまったら、国民は皆いい加減になっていく。そのうち、世の中のためになる法律すら守らなくなり、挙げ句に罪を犯してしまいかねない。

たとえば今、道路での立ち小便を政府は禁じている。しかし、国民はこの禁止令が尊いと思っているわけではなく、ただ、警官を恐れているだけだ。かりに、日が暮れてまわりに誰もいないのをいいことに、立ち小便をしたとする。偶然、警官に見つかったとしたら、誰もがその罪を認めるだろう。けれどもその人間は、国の尊い法を破ったから罰せられる、とは思わない。怖い警官に注意されてしまった。今日はついていなかったと思うだけである。なんという嘆かわしいことか。
このようなわけで、政府が法を作る場合は、できるだけ単純なものがよい。そしていったん法律を定めたら、厳格にその目的を果たさなくてはならない。国民は、政府が定めた法を見て現実に即していないと思ったら、遠慮なく政府に申し立てるべきだ。ひとたびその法律を受け入れて、法律が施行されている限りは、個人的にその法がどうこうと言うべきではない。敬意を込めてこれを守らなければならない。

●悪法も法である

つい、先月、私たちの慶應義塾にもこれに関連する事件があった。華族の太田資美君が、一昨年から私財を投じてアメリカ人を雇い、慶應義塾の教員にしていた。交代の時期になったので、新しくアメリカから人を雇おうとした。当人と話もつき、太田氏はこのアメリカ人を文学、科学の教師として義塾に迎え入れたいと、東京府へ願書を申請したところ、文部省の規則の中に、こんな条項があった。
「私財を使って私塾の教師を雇い、私的に人を教育する場合でも、本国で学科卒業の免状を持つ教師以外は雇ってはならない」。このとき雇おうとしたアメリ

華族
一八六九（明治二）〜一九四七（昭和二二）年に存在した日本の貴族制度。公家、江戸時代の大名、明治維新の際の功労者などが該当する。

太田資美
おおた・すけよし、一八五四〜一九一三年。遠江掛川藩主、上総松尾藩知事を経て宮中祗候、子爵。慶應義塾のパトロンであった。

東京府
一八六八〜一九四三年に存在。戦時下に東京都と改められた。

カ人は免状を持っていなかった。東京府はその点を太田氏にこう伝えてきた。「ただの英語教師ならともかく、文学の教師や科学の教師として願書を受理するのは難しい」。

そこで、この福澤諭吉が府に一筆したためることになった。「この教師にしたい人物は、免状は持っていない。けれどもその学識は当塾生を教えるにじゅうぶんだ。ぜひ、太田氏の申請どおりに任命していただきたい。ここでたとえば英語教師として申請すれば、あるいは願書が受理されるかもしれない。しかし、もともと当塾の生徒たちはこの教師から文学、科学を学ぶつもりでいる。したがって、語学を教えると偽って役所を欺くことはあえてしない」と、出願した。しかし、文部省の規則は変えられないからと、私の願書も送り返されてきた。

こんなことがあったので、せっかく来てくれることになっていた教師を雇うことができなかった。去年十二月の下旬、そのアメリカ人は米国へ帰国し、太田君のかねてからの願いも水の泡となってしまった。数百人の生徒も失望し、本当に一私塾の不幸というだけでなく、日本の学問のためにも大きな妨げとなってしまった。馬鹿馬鹿しく、苦々しいことではあるけれども、国法の大切さはどうにもならない。いつかまた願い出てみるつもりだ。

今回のこの一件については、太田氏をはじめ仲間が集まって議論を交わした。「あの、文部省が定めた私塾教師の規則も、いわゆる建前なのだ。単に、文学、科学の文字を消し、語学の二文字に訂正すれば、願書は受け付けられるだろう。そうすれば生徒にとって大変よいこととなる」といった内輪の意見も出てきた。しかし最後には、「今回、教師を迎えることができなかったことで生徒たちの学業がそのぶん進歩しないかもしれない。それでも、官を欺くのは君子として恥じるべきことだ。謹んで法を守り、国民としての役目を誤らないようにするほうがいいだろう」ということで、このような結果になった。もちろんこれは一私塾で起きたことで、些末なことかもしれない。けれども、議論の趣旨は世の中一般の教えにも関わることと思い、この編の最後に記すことにした。

（明治七年二月出版）

第七編　使命とは何か

・税金は割のいい買い物なので、払うことを惜しんではならない。
・もし政府が暴政をしくときは、信念を曲げて服従してはならない。
・力で対抗しようとすると、内乱という最悪の形になってしまうので、自己を犠牲にしても非暴力で正しいと思うことを主張するのが最善。
・命を捧げるならば、文明に貢献することを選ぶべきである。

国民としての義務

●一人二役の国民

第六編では、国法がどんなに尊いかを論じた。「国民なら誰しも一人二役を務めているのだ」と語った。ここでは、国民の役目と義務について詳しく述べ、第六編の内容を補足したい。

あらゆる国民は、一人二役を務めている。一つ目は、政府の下に立つ一人の国民としての役目だ。これはつまり国民は客という立場となる。二つ目は、国中の皆が合意して国という会社を作り、会社の法律を決めて実行していく役目だ。要するに国民は主人という立場になる。

たとえばここに百人の町人が集まり、皆でひとつの会社を結成したとしよう。社内で相談した上で内規を定め、それを施行する側面から見れば、彼らはその会社の主人である。いっぽういったん内規を定めて、会社の人間が皆それに従っている側面から見れば、彼らは客である。このようにひとつの国はちょうど、この会社のようなものだ。国民はさしあたって会社の人間のようなものと言える。一人で主人と客の二通りの役目を果たさなくてはならないのである。

●国法を守る立場

第一に、この二通りの役目を客の立場から考えてみよう。まず一国の国民は国法を重んじ、人間は皆平等であることを忘れてはならない。他人に自分の権利を侵害されたくないのなら、自分もまた他人の権利を妨げないこと。自分が楽しいことは、他人も楽しみたいもの。だから他人の楽しみを奪って、自分の楽しみを増やそうとしてはいけない。人のものを盗んで自分の財産にしてはいけない。人を殺してもいけないし、人の悪口を言ってもいけない。きちんと国法を守って、皆平等であるという大原則に従おう。

また国によって定められた法律は、たとえばかばかしいものでも、あるいは現実的でないものでも、勝手に破っていいという理屈はない。戦争を起こすにしても、外国と条約を結ぶにしても、政府の権限である。この権限はもともと、国民から政府に与えると約束したものだ。政府が行う政治に関係のない立場の者は、とやかく口出しをするものではない。

国民がもしこの大前提を忘れ、政府のすることは気にくわないと言っては勝手に議論を起こしていたらどうなるだろう。あるいは条約を勝手に破ろうとしたり、戦争を起こそうとしたり、ひどいものになると、一人で刀を持って切り込もうとしたりする。そうなると、国の政治は一日と持たない。

●バラバラな会社は倒産する

これを先ほどの百人の会社の例にあてはめてみよう。皆で十人を支配人と決めたはいいけれど、彼らのすることに残りの九十人が従わおうとしない。そして、自分の考えに合わないからと、それぞれが勝手に商売を始めたとする。支配人側は酒を売ろうとするが、九十人はぼた餅を仕入れようとして、議論はかみあわない。ひどい者は、自分の考えだけで勝手にぼた餅の商売を始め、会社の内規に背いて他人と言い争う始末だ。こうなると会社の商売はなりたたない。遂にその会社が倒産してしまったら、その損害は会社の百人全員がこうむることになる。まったく愚かなことだと思う。

だから、たとえ不正や不都合があろうとも、それを口実にして国法を破ってはいけない。もし本当に不正や不都合な条項があるなら、一国の支配人である政府に問いただし、つとめて冷静にその法律を改めさせることだ。政府がもし自分の意見に同意しなければ、なおも力を尽くし、辛抱強く耐えながら聞き入れられるときを待つべきだろう。

●政府の主人としての国民

第二に、二通りの役目を今度は主人の立場から考えてみよう。一国の国民とは、政府そのものである。その理由はこうだ。一国の国民すべてが政治を取り仕

業務命令　企業の場合、会社と労働契約を締結した時点で業務命令に従う義務が生じる。

切るのは実際、無理だ。だから政府を作って国政を任せ、国民の代理人として政務を行ってもらうよう約束しているのである。

そういうわけだから、国民は本家家元にあたり、主人なのだ。そして政府は代理人にあたり、支配人である。百人の会社の中で選ばれた十人の支配人は政府で、残りの九十人は国民と考えてみよう。この九十人は自分たちで経営をするわけではないにしても、自分たちの代表として十人の者たちに経営を任せているわけだ。だからこの九十人の身分をたずねられたら、会社の主人と言わざるを得ない。また、選ばれた十人の支配人は現在、経営を取り仕切っているとはいえ、もともと社内から依頼を受け、その意志に従って経営を行うと約束している。だから、実際には個人の仕事ではなく、会社の公務に携わる者なのである。

今、世間では政府が関わる仕事を「公務」と言ったり、「公用」と言ったりする。その由来とは、こういうことだ。政府の仕事は役人個人の仕事ではない。国民の代表となって、一国を支配する公の事務という意味なのである。

●役人の不手際を償わせることができるか

以上のような次第で、政府というものは国民の委任を受けている。国民との約

取締役
法制度としては、従業員と会社は雇用契約であるのに対し、取締役と会社との関係は委任契約である（そのため、従業員が取締役に就任する際には一度退職する必要がある）。取締役の選任は株主総会で決定することとなっているので、会社の持ち主（主人）＝株主が取締役に経営を委ねているということであり、社員持株制度がある会社の場合、まさに社員が会社の主人ということになる。株主でなくとも、雇用契約の解除は委任契約より難しく、保護されているのは取締役よりも従業員側であると言うことができる。

束に従って国中の人を上下区別なく、それぞれの権利を大切に保護せねばならない。また法を正しくし、罰則を厳格にして、ひとつでも勝手に曲げてはならない。

今、ここに盗賊の一味が家の中に乱入してきたとする。政府がこれを取り押さえることができなければ、政府もその盗賊の仲間と同じだと言っても過言ではない。このように、政府が国法の理念を行動に示すことができず、国民に損害を与える結果になったとする。その場合は、損害の大きさや、事件から時間がどれだけ経過しているかに関わりなく、政府が償わなければならない。

たとえば役人の不手際で国内の人、あるいは外国人に損害を与え、三万円の賠償金を払ったとしよう。政府にはもともと金などあるはずがない。この賠償金の出どころはといえば、国民である。この三万円を日本国中の人口およそ三千万人に割り当てれば、一人あたり十文ずつとなる。役人が不手際を十回重ねれば、国民一人あたりの負担は百文になり、一家五人いれば五百文にのぼる。田舎の小作人に五百文の金があれば、妻子そろってそこそこのご馳走を食べて、一晩愉快に過ごせるはずなのに。役人のしくじりのせいで日本全国の罪もない庶民の楽しみが奪われてしまうのは、本当に気の毒なことではある。国民からすれば、こんな馬鹿馬鹿しい金など出す謂れはないと思うに違いない。

けれども、それはどうにもならないのだ。その国民は国の家元であり、主人である。もともと政府にこの国を任せ、政治を取り仕切らせるという約束を交わしているため、損得関係なく家元が引き受けるべきものである。金を失ったときだけ、役人の不手際をあれこれ議論すべきではないのだ。

だからこそ国民という立場からは、ふだんから心して政府のやることに目を光らせなくてはならない。政府が対処するのを見て、おかしいと思ったら、その点を本気で告発し、遠慮なく、しかし穏やかに議論すべきだ。

●税金を払うことを惜しんではならない

国民は一国の家元であり、国を守るための費用を払うのは当然の役割なので、こうした費用を出す際、けっして不平を浮かべてはいけない。

国を守るためには、役人に給料を払わなくてはならない。陸海軍の軍事費もかかれば、裁判所でも入り用な金があるし、地方の役人の手当もある。それらをすべて合計すれば、莫大な金のように思えるだろう。けれども、一人あたりに換算すれば、額などたかが知れている。日本政府の歳入額を全人口に割り当てれば、一人一円か二円にすぎない。一年でたった一、二円の金を払うだけで政府の保護を受けているのだ。盗賊に押し入られる心配もないし、一人旅に出ても山賊に襲われる恐れもない。安心してこの世を生きていけるのは、なんとすばらしいことか。どんなに世の中に割のいい買い物があったとしても、税金を払って政府の保護を受けるほど安い買いものはない。

世の中の様子を見てみると、住宅を建てるために金を費やす者、美食や豪華な装いに力を入れる者がいる。ひどいものになると、酒や色事にうつつをぬかし、破産しそうになっている。こうした費用と税金の額とを比べてみれば、その対価は比較にならない。筋の通らない要求なら、一銭たりとも惜しむのは無理もない。けれども、税金は払うべき道理にかなっているだけでなく、安物を買うような金額なので、あれこれ考えず気持ちよく払うべきものだ。

●信念を曲げるのは最悪

このように、国民も政府もそれぞれの役割を果たし、お互いに折り合いをつけていければ申し分ないことだろう。けれども、そうではなく、政府が権限を越えて暴政をしくこともある。こうなったとき、国民の立場としてなすべき行動は三つに絞られる。つまり、信念を曲げて政府に服従するか、あるいは力で政府に対抗するか、もしくは正しい道理を貫いて自己を犠牲にするかの三つである。

まず一つ目の方法だが、信念を曲げて政府に服従するのは、大変よくない。天の正しい道に従うのが、人たる者の務めだ。それなのにその信念を曲げて、政府がこしらえた人造の悪法になびくのは、人としての務めを破棄することだと言える。それればかりか、いったん信念を曲げて不正な法に従ってしまえば、あとあと孫や子の代まで悪い例が引き継がれ、世の中に弊害をきたすだろう。

昔の日本でも、愚かな民の上に圧政をしく政府があった。政府が虚勢を張ると、人民はひたすら恐れおののいたものだ。また、政府の処遇を目の当たりにして、筋が通らないと思っても、もし本当のことを言おうものなら、必ず政府の怒りに触れ、あとあと役人たちから陰湿ないやがらせをされるからと恐れて、言うべきことを言う者もいない。

このあとの恐れとは、ことわざにある「犬の糞でかたきを討つ」のようなもの。人民はひたすらこの「犬の糞」を嫌い、どんな無理なことがあっても政府の命令には従うものだと自分に言い聞かせてきた。それが世間の気風となって、いよいよ今日のような浅ましい状態になってしまったのだ。要するにこれこそ、信念を曲げて屈服した結果、のちのちの世に災いを残した一例ということになる。

犬の糞でかたきを討つ 卑怯な手段で仕返しをすることを意味する諺。恨みを持った相手の家の玄関の前に、夜中のうちに犬の糞をまいておき、朝出かけるときに嫌な気持ちにさせる仕打ちから。

●内戦は非人道的である

次に二つ目の方法である、力で政府に対抗するというのはどうか。このやり方はもちろん一人でできることではない。かならず徒党を組むことになる。これはつまり内戦という戦いである。それをいい解決策だなどと言ってはならない。いったん挙兵して政府と敵対してしまうと、もう、正しいか間違いか、筋が通るか通らないかといったことは問題ではなくなる。どちらが強いか、それだけだ。ところが、昔からの内乱の歴史を見てみると、人民の力はいつも政府より弱いものだ。また、内乱を起こせば、それまでその国で行われてきた政治の仕組みをいったんひっくり返すことになるのは言うまでもない。しかし、もとの政府がたとえどんなに悪い政府でも、多少はいいところがあったからこそ政府としてたとえ少ない年月でも治世が続いてきたわけなのだ。

だから、一時の妄想にかき立てられて政府を倒しても、暴力で暴力を倒しただけのこと。愚かな政府が、別の愚かな政府に変わったに過ぎない。また内戦は、もともと支配者の非人道的なやり口を憎むことから起こっている。ところが、皮肉なことに、人間界で内戦ほど非人道的なものはない。育んできた交友関係は破られ、ひどいときは親子が殺し合い、兄弟が敵対する。家を焼き払い、人を殺し、あらゆる悪事が横行する。こんな恐ろしい有様を目の当たりにすれば、人の心はますます残忍になってゆく。獣としか言ようがない振る舞いをしておきながら、旧政府よりもよい政治が行えるだろうか。寛大な法を施行し、人情に厚い世の中へ導けるつもりだろうか。じつにつじつまの合わない考え方である。

●非暴力で道理を訴えるのが最善

では、三つ目の、正しい道理を貫いて自己を犠牲にする方法はどうか。これは、天の道理を信じて疑わず、どんな圧政のもとにあっても、どんな非道な法律に苦しめられようとも、その苦痛を堪え忍び、志を挫けさせないこと。何の武器も手にせず、少しの暴力も用いず、正しい道理だけを訴えて政府に迫ることだ。

以上の三策のうち、この第三策こそが最上の策である。論理をもって政府に迫るなら、そのときその国にあるよい政治やよい法律は少しも影響を受けないですむ。その正しい道理は、もしかしたら採用されないかもしれないけれども、道理はどちらの側にあるのか、この申し立てによって明らかになったのだから、自然と人の心も集まってくるだろう。だから、今年聞き入れられなければ、また来年

非暴力
後にインド独立運動を指導したガンジーや、アメリカの公民権運動を指導したキング牧師が非暴力で運動を展開して支持を得たが、十九世紀後半の時点でこのような議論を展開している点に福澤の新しさがあると言える。

に期待すればよい。

さらに言うなら、力で敵対すると一を得るために百に損害を与えかねないが、道理を唱えて政府に迫るのは、悪いところだけを除くだけで、他を巻き添えにする恐れはない。この方法の一番の目的は政府の不正をやめさせることなので、政府がやり方を正しく改めれば、議論もそこで終わりとなる。

また、力で政府に敵対すれば、政府は必ず怒り、自分たちの悪行を反省しないどころか、ますますひどい政治をするようになる。しかし冷静に道理を唱える者に対しては、そうはならない。どんなに暴力的な政府でも、その役人もまた同じ国の人間なのだ。人が身を犠牲にしてまで正しい道理を主張するのを見れば、必ず情けや哀れみの情が湧いてくるはずだ。一度他者に哀れみの情が湧けば、おのずから過ちを悔い、謙虚な気持ちになり、必ず改心することだろう。

●世の為に命を捧げること

このように世の中のために身をさいなんだり、命まで捨てたりすることを、西洋の言葉で「マータダム」という。失うものはただ一人の命だけ。けれどもその影響力は一千万人を殺し、一千万両を費やす内戦よりもはるかに勝っている。

マータダム
martyrdom、信条に従って死ぬこと。殉死、殉教など。

昔の日本には、討ち死にしたり切腹したりした者がたくさんいた。その誰もが、忠臣や義士として名高い。けれども、その命を捨てた理由を聞けば、たいていは政権争いに巻き込まれた者か、主人の敵討ちなどのために華々しく命をなげうった人ばかりだ。その行為は美しく見えはするけれど、実際には世の中に何も貢献してはいない。

我が主人のため、我が主人に申し訳ない。そんな理由で、あっさり命を捨てればいいという思考は、文明化されていない社会ではしかたのないことかもしれない。けれども、今、文明の大本の道理という観点から考えるなら、こうした人たちは、命の捨てどころを知らない者と言えるだろう。

●内戦や敵討ちは文明にあらず

そもそも文明とは何だろうか。人間の知性や道徳観を高め、人々が自分自身を律して世間と交わり、お互いに危害を与えることなく、それぞれの権利を実践し、世の中を平和で豊かにしていくことである。

だとしたら、さきほどの内戦や敵討ちは、果たしてこの文明の趣旨に合っているだろうか。戦いに勝って敵を滅ぼし、敵討ちを遂げて主人の面目を立てること

楠公権助論

「政権争い」の原文は「両主政権を争ふの師」とあり、暗に南北朝時代のことを指すを捉えられ、南朝の忠臣楠木正成（一二九四?～一三三六年）を揶揄したとして批判が集中した。なお、楠公権助論として福澤への批判が集中したため、ついに福澤は慶應義塾五九楼千万の偽名で朝野新聞に弁明の文を載せ、仮に楠木正成が今日の日本にいたならば湊川で死ぬことで満足せず、必ず自国の独立のために勤めたであろうと論じ、批判を鎮火した。

ができた結果、世の中が文明化され、商業や工業がさかんとなり、人々も暮らしが安全で繁栄するという目的があるならば、討ち死にも敵討ちにも意味があるだろう。けれども、かつての事件の中身を見てみると、けっしてそのような目的ではなかった。あの忠臣や義士にしても、そこまでは意識していなかったろう。ただ、成り行き上、主君への義理を果たしただけのことではないだろうか。

●死ぬことの重さをどう量るか

主人に申し訳ないからと、命を捨てた人を忠臣や義士と言うなら、今でも世の中にはそういった人はたくさんいる。たとえば、使いに出かけて一両の金をなくし、途方に暮れて命を捨てた権助の話がある。この男は、旦那に申し訳ないと悩んだ挙げ句、並木の枝にふんどしを掛けて首を吊った。そんな例は、世の中珍しくもない。今、この忠実な使用人が自殺を決意したときの心情を思いやって、その真心を察するなら、確かに哀れではある。「使いに出たまま、まだ帰ってこない。その身はすでに死んでいた。その立派な振る舞いに、人々はずっと涙を流すことだろう」と、詩に詠んでもいいほどだ。権助は主人に頼まれて、自分が預かった一両を失った。そのため忠誠を尽くす使用人として、死をもって過ちをつ

権助
架空の人物名だが、江戸落語に登場する商家の使用人の名前に使われることが多く、権助というだけで使用人が連想された。

原文は「使に出でて未だ返らず身まず死す。長く英雄をして涙を襟に満たしむべし」であり、杜甫が諸葛孔明についてうたった七言律詩「蜀相」の「出師未捷身先死　長使英雄涙満襟（師に出でて未だ捷たず身まず死す　長く英雄をして涙を襟に満たしむべし）」をもじっている。

ぐなったのだ。それは昔から語り継がれてきた忠臣や義士にも恥じない振る舞いだ。その忠誠は月日が経つにつれいっそう輝き、彼の名はこの世が続く限り不滅のものとなるはずだ。ところが、世間は薄情だ。この権助を軽蔑し、記念碑を作って彼の立派な振る舞いを称える者もいない。宮殿を建てて祀る者もいない。これはいったいどうしてだろう。

人はこう言うかもしれない。「権助はたった一両のために死んだ。その顛末も取るに足らない話さ」。それはそうだろう。しかし、ひとつの出来事が軽いか重いかは、金額や人数の多い少ないといったことで決めつけてはならない。世の中の文明にどう貢献するかによって、その重要さを決めるべきなのだ。

●佐倉宗五郎ただ一人

世に言われる忠臣や義士が一万の敵を殺して討ち死にするのも、この権助が一両の金をなくして首を吊るのも、その死が文明に貢献しなかったという点ではまったく同じだ。どちらに価値があって、どちらにないということなら、義士も権助も命の捨てどころを知らない者たちだと言ってよいだろう。こういった振る舞いを、「マータダム」と言ってはいけない。

私が知る限りでは、「人民の権利を主張し、正しい道理を唱えて政府にせまり、捨てるべきところで命を捨て、世界に恥じることのない人」は古来ただ一人、佐倉宗五郎がいるだけである。もっとも、宗五郎の言い伝えは、俗世間に伝わるおとぎ話のたぐいしか残っていない。まだきちんとした詳細な記録は見つかっていないのだ。それが手に入ったあかつきには、きちんと記して彼の功徳を称え、世の中の手本とすべきだろう。

（明治七年三月出版）

佐倉宗五郎
本名木内惣五郎（生年不詳〜一六五三年?）。江戸時代前期の義民。佐倉藩の圧政に苦しむ農民のために将軍家綱への直訴を行い、願いは聞き入れられたものの、直訴の咎により処刑されたという。成田市の東勝寺に祀られており、宗吾霊堂と呼ばれている。

第八編　男女、親子は平等である

・人の心と身体は自由であり、他人の支配を受けない。
・江戸時代には男尊女卑がまかり通り、非常に不公平であった。
・親孝行は自然な気持ちによるものであり、子どもにたかるべきではない。

自分の考えを他人に押し付けてはならない

●人それぞれの身体

アメリカのウェーランドという人が書いた『モラル・サイエンス』という本がある。その中で、人の身体と心は自由であると述べている部分がある。ざっくり言うと、「人の身体は、他者の身体とは切り離されていて一人の人間として存在している。本来は自分で自分の身体を動かし、自分で自分の心を働かせるもの。

『モラル・サイエンス』　第二編で紹介した『修身論』のこと。

つまり自分で自分を制御しながら、やるべきことができる存在である」ということだ。以下でもう少し細かく説明しよう。

第一に、人にはそれぞれの身体がある。この身体を使って外部の物に触れたり、物を取ったりして望むとおりのことを行っている。たとえばタネをまいて、米を作る。綿を収獲して衣服を縫製するといったことである。

第二に、人にはそれぞれ知恵がある。知恵を使って物事の原理を見つけたり、何か事をなす際に見当違いを起こさないようにしたりしている。たとえば米をたくさん収獲するために、いい肥料を作る。木綿をきれいに織るために、織機の工夫をする。こうしたことは、知恵や分別の働きだ。

第三に、人にはそれぞれ欲望がある。欲望は心身を動かす原動力になる。人はこの欲望を満足させて、幸福感を得るからだ。たとえば、人なら誰しもいい服や美味しいものを好むものだ。ところがいい服も美味しいものも、自然とわいてくるものではない。これを手に入れるためには、働かなくてはいけない。

人が働くのは、たいてい皆欲望に突き動かされているからだ。もしこの欲望がなければ、働こうという気も起こらない。働かなければ、欲望を満足させた時の幸福感を得ることはできない。禅宗の坊主などは、働くこともせず、幸福を感じることもないと言えるだろう。

第四に、人にはそれぞれ誠意がある。誠意は欲望を抑える。そして欲望がおもむく方向を正しいほうへと導く。というのも、欲望には限りがない。いい服も美味しいものも、もうこれで十分という限度をもうけるのがむずかしい。もし、今は働くべきときなのに、それを放置して欲しいものだけを貪欲に得ようとするならば、他人に危害を加えてまで、欲望を満たそうとするだろう。これはもう人のすることではない。そうなる手前で、欲望と道理をきちんと分別し、欲望から離れて道理にかなった振る舞いをさせてくれるのが、誠意というものだ。

第五に、人にはそれぞれ意志がある。この意志があるからこそ、物事を成し遂げようという気持ちが湧いてくる。世の中の出来事は、思いがけず、何かのはずみでできあがるものではない。よいことも悪いことも、皆人間が、「これをするのだ」という意志があってこそできるものなのだ。

●人間に欠くことのできない権利

以上、この五つの性質は人間にとって欠くことのできないものだ。自由自在にこうした性質を働かせることで、一人の人間として独立することができる。

ところで、「独立」というと奇人変人か何かのように一人だけ浮いた存在で、世間の付き合いもない人のように聞こえるかもしれないが、けっしてそうではない。人としてふつうに生きていれば、友達はやはり必要であり、その相手もまた自分に会いたがっている。それは自分が慕っているのと同じなので、世間の交際はお互い様である。

もっとも、先ほど挙げた五つの性質を用いる際には、天が定めた法に従って、節度をわきまえるのが肝要だ。ここでいう「節度」とは、自分でこの五つの性質を用い、他人もそれぞれの性質を用いる中で、お互いにその働きを妨げないことをさす。このように人としての節度を守っていれば、世の中を生きていくとき、人から非難されることはない。天から罪を背負わされることもない。これを人間の権利と言う。

このようなわけだから、人は他人の権利を妨げない限り、自由自在に自分の身体を動かせるという道理になる。好きなところへ行き、いたいところにいる。好きに働き、遊び、こんなこと、あんなことをやってみる。あるいは、昼となく夜となく勉強したり、気が乗らなければ何もせず一日中寝て過ごす。どれも他人に関係のないことだから、傍からああだこうだと言われる筋合いはない。

●自由を認めないことの矛盾

この説に反して、「人である以上は、いいも悪いも関わりなく、他人の意志に従って行動していくものだ。自分の考えを表に出すのはよろしくない」と、このような意見を主張する人がいたとしよう。はたしてこれは、当然の理屈だろうか。そうだとすれば、人と名が付く者が住む地域のほぼすべてに通用するはずだ。

一例を挙げてみよう。天皇陛下は将軍様よりも高貴な方なので、思いのままに将軍様を指図することができる。将軍様が行こうとすれば「止まれ」と言い、止まろうとすれば「行け」と言う。寝るのも、起きるのも、飲み食いするのも、天皇陛下は思うとおりに将軍様を動かすことができるだろう。そして将軍様は手下の大名をあやつり、意のままに大名を取り扱う。こんどは大名が思いのままに家老の身をあやつり、家老は家来をあやつる。そうして家来は下級武士を、下級武士は足軽を意のままにあやつり、足軽は百姓を好き勝手にあやつるだろう。

そうやって百姓まで行き着くと、気の毒だが、もう意のままに従わせることができる目下は誰もいない。しかしもともとこの理論でいけば、人間世界のすべてにあてはまるという前提である。だとすれば、あの百万遍の念仏で数珠が回って

征夷大将軍
もともとは朝廷の定める官職であり、律令の令制になり「令外官」のひとつという位置付けである。そのため、将軍を任命するのはあくまでも天皇である。当初は東北地方の蝦夷征討を目的とした官職であったが、鎌倉幕府を開いた源頼朝以降は武家の棟梁が世襲で就任するようになっていた。

くるように、一周して最後はもとに戻ってくるしかあるまい。そうすると「百姓も人、天皇陛下も人、遠慮はいらない」と、失礼ながらも百姓は天皇陛下を勝手放題にあやつり始める。天皇陛下の行列が進もうとすれば「止まれ」と号令し、行った先に滞在しようとすれば「御所に帰れ」と言う。起きる、寝る、食べるも意のままで、最高の着物と食事をやめて、麦飯を食べさせるといったことになってしまったらどうだろうか。

このような状況は、日本中の人民に自分自身で自分の身体を動かす権利がないのに、他人を動かす権利はあるという状態だ。これでは人の身体と心がまったく別のところにあって、身体はまるで他人の魂を封じ込めておく宿のようなものだ。たとえば、酒が飲めない人に酒好きの魂を入れ、子どもの身体に老人の魂を封じ込める。盗賊の魂は孔子様の身を借り、猟師の魂は釈迦の身に宿る。そうすると、酒が飲めない人が酒を飲みいい気分を満喫し、酒好きな人が砂糖湯を飲んで満足だと言い出す。老人は木によじ登って遊び、子どもは杖をつきながら人の世話を焼いて回る。孔子様が弟子たちを引き連れて盗賊を働くかと思えば、釈迦如来様は鉄砲を抱えて殺生に出かける。おかしい、妙だ。不気味ですらある。

これを天の理、人の情、あるいは文明開化とでも言うのか。三歳の子どもでも、答えは明らかだ。数千年、数百年の昔から、日本や中国の学者先生は、「上の者と下の者、尊い人と卑しい人」の立場をわきまえるようやかましく言ってきた。結局、それは「他人の魂を自分の身体に入れようとする」考え方だ。この考えを教え説いて、涙を流して人を諭してきたお陰で、今の世の中になってはっきりとその効果が表れてきている。大きなものは小さなものを制し、強いものは弱いものを圧する状況となっている。学者先生たちは、さぞかし得意満面だろう。古い神様がたも、古代中国の聖人たちも、草葉の陰で満足しているはずだ。今、そのありがたい影響を一、二ほど挙げてみたい。

強大な政府が庶民をいじめるという議論は、前編でも記した。この話は省略し、ここでは男女の関係を論じることにしよう。

●理不尽な『女大学』

もともとこの世に生まれた人は、男も人間だし、女も人間だ。生きている限り誰でも果たすべき役割があるという点で言うなら、この世は一日として男が必要でない日はないし、女が必要でない日もない。両者の働きはいかにも同じだけれど、ひとつだけ違う点がある。それは、男は強く、女は弱いということだ。大人

立場のわきまえ
大義名分論と呼ばれるものである。

の男が腕力で争えば、必ず女に勝つだろう。これこそ男女が同じではないところだ。今の世の中では、力づくで人のものを奪ったり、人を侮辱したりすると罪に問われ、刑罰を受けることとすらある。それなのに家庭内では、おおっぴらに人を侮辱し、咎める者は誰もいない。

『女大学』という本には、こう記されている。「婦人には三つ、従わなければならない道がある。幼いときは父母に従い、嫁に行ったら夫に従い、年老いたら子どもに従うこと」。幼いときに父母に従うのは当たり前だ。だが、嫁に行ったあとは夫に従うとは、どういうことか。そこを問いただしてみたくなる。『女大学』によれば、亭主が飲んだくれたり、女遊びをしたり、妻をののしったり、子を叱りつけたり、無駄遣いや放蕩に明け暮れようとも、女はこれに従うこと。この浮気な夫を天のように敬い尊んで、にこやかな表情で、気に障らない言葉で意見せよとあるだけだ。そこから先、どうすればよいのかについては触れていない。

ということはこの教えの真意は、淫らな男であっても、いったん自分の夫となった以上は、どんな辱めを受けようとも、夫に従わなくてはいけない。妻には、ただ心にもない笑顔を作って、改めるようお願いする権利しかない。そのお願いを聞き入れるかどうかは、淫らな夫の気分次第。結局、妻は夫の心を天命と

『女大学』
江戸時代、儒学者の貝原益軒（かいばら・えきけん：一六三〇〜一七一四）が書いた『和俗童子訓』巻五「女子ニ教ユル法」を通俗化したもの。ただ、『和俗童子訓』にあった女子三従の教えは『女大学』には載っていないため、福澤の混同だと言われている。

考える他に手立てはないということだ。

仏教の本に、「罪業深い女人」という表現がある。この内容を見れば、女はまるでこの表現のように、生まれながらにして大罪を犯した者と変わらない。

また、『女大学』は、女性ばかりを一方的に糾弾している。「妻を離縁できる七つの条件」という箇所では、「浮気は離婚の理由となる」と、裁判の例まではっきり示している。これは男性からすれば、大変に都合がよい。しかし、あまりにも不公平な教えではないか。結局、男性は強く、女性は弱いという発想がもとにあって、腕力で男女の間に上下の差別を設けた教えなのであろう。

●妾は風紀の乱れ

以上は浮気な夫や不倫妻の話だけれども、他に妾についての議論がある。この世に産まれる男女の数はほぼ同じと決まっている。西洋での実験によれば、男子は女子よりも多く産まれ、男子二十二人に対し、女子二十人という割合だとのこと。そうすると、一人の夫に対して、二人も三人も女性が妻となるのは、明らかに天の道理に反する。これは「獣」といっても差し支えない。

父を共にし、母を共にする者を「きょうだい」と名付ける。また、父母きょう

離婚の七条件
①義理の父母に従わない、②無子、③不貞、④嫉妬、⑤伝染病、⑥多言、⑦盗み癖であり、もともとは『礼記』にあったもの。なお、貝原益軒が書いた『和俗童子訓』では「是二（無子）は天命にて、ちからに及ばざる事なれば、婦のとがにあらず」とあり、貝原夫妻にも子は無かったが離婚していない。

だいが一緒に暮らす場所を「家」と名付けている。それなのに、きょうだい、父親は一緒なのに、母親が違う。そして、父親一人が独立していて、母親たちはそのまわりに群れながら暮らしている。これがいったい人類の家と言えるだろうか。家の字の本来の意味をなしていない。どれほど邸宅の造りが立派でも、部屋が飾り立ててあろうとも、私からすればこれはもう人の家ではなく、畜生の小屋と言わざるをえない。妻と妾が一つ屋根の下で暮らしていて、家庭が円満だという話はいまだかつて聞いたことがない。妾といっても人類の子だ。一時の欲望のために、人の子を家畜のように扱い、一家の風紀を乱す。子どもには悪影響を与えるし、悪習を世間にたれ流して、のちのちの世代に害を及ぼす。これを罪人と呼ばないで何というべきだろう。

●妾肯定論への反駁

それに対して、こんな意見を言う人もいるかもしれない。「妾がたくさんいたとしても、ちゃんと面倒見ているなら、人の道からはずれてはいない」。これは旦那様がみずから言った言葉である。もしもそうだとしたら、一人の妻がたくさんの男たちを養って、これを男妾と名付けて家の中でも夫として待遇してみてはどうだろう。それでうまく家が治まり、社会道徳上も問題ないのなら、私はこれ以上批判するのをやめ、口を閉じてもう何も言うまい。世の男性の皆さんも、自分なりにじっくり考えてみてほしい。

あるいは、こんなことを言う人もいるだろう。「妾を養うのは、子孫を残すためだ。孟子の教えにも三つの親不孝の中で跡継ぎのいないのが一番よくないと言っているではないか」。これに答えて言おう。天の道理に反するようなことを主張する者は、孟子だろうが孔子だろうが遠慮することはない。こんなことを言い出すとは、罪人と言っても過言ではない。妻をめとり、子どもを産まないからといって大きな親不孝とは、いったい何を言っているのか。言うに事欠いたとしても、あまりにひどい。

●親孝行とは何か

いやしくも人間の心を少しでも持った人なら、誰が孟子のこんな妄言を信じるだろうか。親不孝とはもともと、子どもが筋の通らないことをしでかし、親に心配や苦労をかけることを指す。もちろん、年老いて孫が産まれるのはうれしいものだ。けれども孫がなかなか産まれないからといって、それを親不孝と言うべき

孟子
紀元前三七二?〜紀元前二八九、中国戦国時代の儒学者。儒教では孔子に次いで重要な人物とされている。

孟子の三不孝
『孟子』「離婁上」による。

ではない。試しに世の中の父母である人々に聞いてみたい。子どもに良縁があって、よい嫁をめとったとする。孫が産まれないからと言って頭にくるだろうか。そのことで嫁を叱ったり、子どもを鞭打ったりするだろうか。あるいは、もう勘当だと思うだろうか。世の中は広いと言っても、いまだかつてこんな奇人がいるなど聞いたことがない。子がいないのは不孝だというのは、そもそも空論で、議論する価値もない。それぞれが自分の心に問うてみれば、おのずと答えは出てくるだろう。

親に孝行するのは、もちろん人として当然だ。老人がいたら赤の他人でも、親切にするはずだ。まして自分の父母なら、情を尽くさないはずがない。利益のためでもなければ、評判を得たいためでもない。ただ、自分の親を思い、もともと持っている誠意から、孝行したくなるのだ。昔から日本でも中国でも、孝行をしなさいという話は本当にたくさんある。『二十四孝』をはじめ、その他の著書も含めれば数え切れないほどだ。だが、こうした本には、たいてい十のうち八つか九つは、人間にできないことを勧めている。あるいは愚かすぎて、笑い飛ばしたくなることを説いている。ひどいものになると、道理に背くことを褒め、「これこそ孝行だ」などと言っている。

『二十四孝』
元代に郭居敬が編纂した、孝行が特に優れた人物二十四人を取り上げた書物。

寒い中、素っ裸で氷の上に寝そべって、それを溶かそうとするなど、人間にできるわけがない。あるいは、夏の夜、自分の身体を酒で濡らして蚊に刺され、親に近づく蚊を防げという。そんなことをするくらいなら、その酒代で紙製の安い蚊帳を親に買ってやるほうが賢いではないか。

父や母を養う稼ぎもなく、途方にくれたあげく、口減らしのため罪のない我が子を生きたまま穴に埋めるといった話もある。その心はもう人ではなく、鬼や蛇と言うべきものだ。天の道理や人間としての情愛を踏みにじる、悪害の極みだ。さっきは、三つの親不孝があって、子を産まないことさえ大きな親不孝と言っておきながら、一方でせっかく産まれた子どもを穴に埋めて跡継ぎを絶とうとする。いったいどうすれば親孝行というのか。前後が矛盾したでたらめな説である。結局、こうした孝行話のたぐいは、親子の上下関係をはっきりさせようとして、無理矢理、子の立場を責め立てているのだろう。

●人と動物の違いとは何か

子どもを責める文言には、こんなものもある。「妊娠中には母を苦しめ、産まれてからは三年も父母の手をわずらわせ、おぼれるほど受けたこの恩をどうやっ

裸で氷を溶かす
後漢末期、親孝行者の王祥が病気の継母に魚を食べさせようとして凍結している川面を溶かすべく、裸になって体温で氷を溶かし、魚を獲ってきたという話。

親の代わりに蚊に刺される
晋代、八歳の呉孟の家は貧しく、蚊帳を買う金もなかった。そこで自分の着物を親に着せ、自分は裸になって蚊に刺されたという話。酒については落語にする段で加わったものか。

子を埋めようとする
後漢時代、郭巨の家は貧しく、老いた母が自分の食べ物を孫に食べさせようとするのが忍びなく、子どもはまた産めばよいと考え、子どもを埋めようとして穴を掘っていたら土中から金の釜が出てきたという話。

て返すつもりか」。しかし、子どもを産んで育てるのは、人間だけではない。動物も人間も皆同じだ。ただ、人間の父や母が動物とちがうのは、子どもに衣食を与えるだけでなく、きちんと人間関係を築けるよう、教育することに尽きる。

それなのに世間の親たちは、子どもは産んでも、子どもを教育する手立てを知らない。自分は酒や女におぼれ、無法な振る舞いをさんざんし尽くして、子どもの悪い見本となる。一家に汚名を残し、財産を食いつぶす。あげく貧乏でどうしようもなくなって、ようやくそんな気も衰え、家名も落ち、財産も尽きたところで、今度は愚かしい頑固者となって、子どもにやれ孝行しろと責め立てる。いったいどういうつもりなのだろう。どこまで面の皮が厚ければ、こんな恥知らずなことができるというのだ。父親は子どもの財産にたかり、姑は嫁をいびり、父母の考えで子ども夫婦をがんじがらめにしてしまう。父母の筋の通らない理屈はまかり通っても、子どもの言い分など少しも通らない。嫁はまるで餓鬼の地獄に落ちたように、起きる、寝る、食べる、どれひとつとして自由はない。舅と姑はひとつでも気に入らないことがあれば、「この親不孝者め」と言いつのる。世間の人もそれを見て、「ひどい舅と姑だ」と内心は思う。しかし自分に関係のないことなので、とりあえずは、理屈に合わないことを言う親に加担し、理不尽にもそ

親の恩

『論語』「陽貨」に、「子生まれて三年、然る後に父母の懐を免る」とある。孔子は、生まれて三年は両親の腕の中で育つため、親が亡くなったら三年は喪に服すべきだと考えていた。そのため、一年で良いではないかと問われたとき、質問者には仁の心がないと思ったという。

の子どもを非難する者もいる。あるいは、世知に通じた人は、「理屈はさておいて、はいはいと答えてごまかしておけばいい」などと吹き込む者もいる。どうしてこんなことが人間の家庭のあるべき姿と言えるだろうか。

私は以前、こう言ったことがある。「姑が自分の振る舞いを写す鏡は、遠くにあるわけではない。自分が嫁だった頃にあるのだ」。姑がもしも嫁をいびってやろうと思ったなら、自分がかつて嫁だった頃を思い出してみるべきだろう。

●染み付いた悪弊

以上、論じてきたことは、上下関係や尊い卑しいといった、立場をわきまえるという視点から生じた悪習として、夫婦間と親子間の例を示してみた。世の中にこのたぐいの悪習は広くはびこっており、あらゆる物事や、人間同士の付き合いの中に染み渡っている。そうした例を次編で見ていきたい。

（明治七年四月出版）

第九編　若人よ、この世に生きた証を残せ

・自分で衣食住を調達できたからといって、独立できたとは言えない。社会に貢献し、後の世のために痕跡を残すべきである。
・江戸時代であれば能力があっても力を発揮できずに死んでいった人も多いが、西洋の考え方も広がってきて、能力を発揮できるようになってきたので、世の中のためにしっかり勉強して、人々の考え方を先導し、さらなる高みへと後押ししてゆくべきだ。

学問における二つのあり方――中津の旧友に贈る

人の心と身体の働きを細かく観察すると、二つにわけて考えるべきであることがわかる。第一は、一個人としての働き。第二は、社会的な交わりの中で、その一員としての働きである。

旧友　福澤の故郷・中津に住む若人のことを、親しみをこめてこう呼んでいる。

●個人として衣食住を確保する

第一の、心身を働かせて衣食住の面で安心を確保する営みだが、これは一人の人間としての働きである。とは言っても、この世のあらゆるものの中で、役に立たないものはひとつもない。一粒の種を蒔けば、二、三百倍もの実を穫ることができる。山奥の樹木は、人の手をかけなくても成長する。風は風車を動かし、海は海運の航路となる。川や海の水を汲み、山から掘り出した石炭を燃やして蒸気を起こせば、大型の船や車を動かすことができる。他にも自然界にはすばらしい働きがあり、挙げればきりがない。

人間はただ自然界の力を借り、わずかに工夫することで自分たちの役に立てている。人間が衣食住を得ることができるのは、すでに九割九分、自然界の手によって整えられているものに、残りわずか一分の手を加えているだけのことだ。だから、人間がこの衣食住を作っているというのは適切ではない。実際は、道端にうち捨てられたおこぼれを拾っているようなものなのだ。

したがって、人が自分で衣食住を調達するのは、さほど難しいことではない。これがきちんとできたからといって、自慢するほどのことでもないのだ。

もちろん、独立して生計を立てるのは、人間にとって大切なことだ。「額に汗をかいて、そうして飯を食え」と、昔の人の教えにもある。けれども私の考えでは、この教えのとおりにしたからといって、人としての務めを果たしたとは言えない。この教えを実行できても、動物にかろうじて勝っているというだけのこと。試しに見てみればよい。動物、魚、虫、どれも自分で自分を食べさせている。しかも、食べ物を手に入れて一時の満足にひたっているだけではない。蟻などにいたっては遠い先を見越して、自分で穴を掘って住まいを造り、冬に備えて食べものを蓄えているではないか。

●独り立ちという幻想

ところが、こんなことは蟻でさえやっているのに、世の中にはそれで満足している人がいる。その一例を挙げてみよう。男子が大人になって工場で働いたり、商売を始めたり、役所に勤めたりする。ようやく家族や仲間の世話にならずに暮らしていけるようになった。衣食もそれなりにまかなえ、他人から借りた金を返さないといったこともない。賃貸ではなく手頃な家を建て、家財道具はまだ揃わないけれども、奥さんだけは欲しい。それで望みどおり若い女性をめとる。やが

勤労
『旧約聖書』「創世記」第三章十九に、「あなたは、顔に汗を流して糧を得、ついに、あなたは土に帰る。あなたはそこから取られたのだから。あなたはちりだから、ちりに帰らなければならない」とある。

て身辺も落ち着いてきて、無駄遣いはしない。子どもを大勢授かったとしても、通り一遍の教育を受けさせるだけなのでそれほど金はかからない。万が一病気などの時のために、三十円か五十円くらいの金ならいつでも用立てられるようにしている。細々とだけれど遠い将来のことを考慮しながら、なんとか一軒の家を守っている。この人は自分の力で独立した生計を立てているのだと、誇りに思うことだろう。世間も彼のことを、誰も頼らず独り立ちしている人物だと評する。まるで人並み以上の働きをした人物か何かのように褒めそやす。

けれどもこれは大きな間違いだ。この人は蟻の子分でしかない。一生涯をかけて成し遂げたことといえば、蟻でもやっていることなのだ。もちろん衣食をまかなったり、家を建てたりする際は、額に汗をかいたことだろう。いろいろな心配事もあっただろう。その点では、先人たちの教えに対して、何の恥じることもない。それでも、彼が成し遂げたことは、万物の霊長である人間としての目的を達成したとは言えない。

一人ひとりがこんなふうに、衣食住を確保して満足しきっているものだとしよう。そうすると人間の一生とは、ただ生まれて死ぬだけだ。死ぬときの世の中は、生まれたときの世の中と変わらない。こんなふうに子も孫も代々生きていけば、何百世代経とうが、村の有様はずっともとのままだ。世の中に工場を建てる者もおらず、船も造られず、橋も架からない。我が身と我が家族のこと以外はすべてなりゆきにまかせるばかりだから、その土地に人間が暮らしてきた痕跡など残ろうはずがない。

西洋の人は、こんなことを言っている。「世の中皆が満足しきって、ささやかな幸せに安住すれば、今の世界は誕生したときと何も変わらない」。まったくその通りだ。当然ながら、満足にも二とおりある。その違いを見誤ってはいけない。ひとつのものを手に入れたなら、二つ目が欲しくなる。何かを手に入れたら、もっと欲しくなって満足することを知らない。こういう欲は「野心」というべきだろう。一方、自分自身の活動を広げ、より大きな目的を達成しようとしないのは、虫けら同然の愚か者と言える。

●社会の一員として貢献する

第二の働きについてだが、人はもともと集まって暮らすことを好む。けっして一人、孤立して生きていくことはできない。夫婦や親子といった人間関係だけでは、まだ、このつながりを求める性質は満足させられない。他人と交わり、その交際が広くなればなるほど、自身の幸福も大きくなるのを感じることができるだろう。これこそ人間社会が生まれた理由だ。だから社会の一員となった以上は、交わりを育んでいく義務がある。そもそも世の中の学問、工業、政治、法律といったものは、すべて社会のためにあるのだ。社会がなければ、どれもいらないものとなってしまう。

政府は何のために法律を作るのか。それは、悪人からよい人を守ることによって、社会をうまく機能するようにするためだ。学者は何のために本を書いたり、教育したりするのか。それは、若い世代の人々の知恵や見識を高め、社会を育んでいくためだ。昔、中国人はこう言っている。「肉を切り分けるのと同じように、公平に天下を治めよう」。また、「自分の庭の草を取るよりも、まずは世の中を掃除しよう」とも言っている。どちらも、人間社会のために役立とうとする志を述べたものだ。

おおよそどんな人であっても、少しでも得意なところがあれば、それを世のために役立てたいと思うはずだ。あるいは、そんなつもりはなくとも、知らず知らずのうちに後の世や子孫のためになっていたということだってあるだろう。人間にはこのような性質が備わっているからこそ、社会の義務を果たすことができ

肉を切り分けるように、公平に天下を治める　前漢の高祖・劉邦に仕えた陳平（?〜紀元前一七八）の言。

自分の庭より先に世の中を掃除する　後漢時代の陳蕃（?〜一六八）の言。

る。また、このような人たちがいなかったら、私たちが現代に生まれて、今、世界中にある文明の恩恵を受けることはできなかっただろう。

●文明という遺産

親から相続したものなら、「遺産」と言う。ただこれは土地や家財に限られ、なくせば跡形もなくなってしまう。だが、世の中の文明はそうではない。文明とは、世界中の過去の人々が一体となって、今の世界の人々である私たちに譲り渡してくれた遺産なのである。それはとても大きくて広く、土地や家財とは比べものにならない。けれども、今、この遺産のお礼を言おうと思っても、それを伝える相手はいない。まるで、生きるのに必要だけれど、金を払うこともなく手に入る日光や空気のようだ。なくてはならない貴重なものだけれども、その持ち主がいない。ただ、ただ、昔の人々からの目に見えない贈り物と言う他ない。

この世が誕生したとき、人間の知性はまだ始まってもいなかった。たとえて言うなら、まるで赤ん坊で、まだ知性がまったく表れていないようなものだ。

また、たとえば小麦を栽培し、小麦粉を作るとしよう。はじめは近くにある石と石とでついて、粉にしていたことだろう。そのうち、ある人が工夫をする。二つの石を丸く平らにして、真ん中に小さな穴を開ける。その穴に木か鉄の軸を通して、石と石を重ねる。そしてこの二つの石の間に小麦を入れて、上の石を回転させる。すると石の重さで麦が粉になるという仕掛けを作った。つまり挽き臼だ。昔は、ただ人の力でこの挽き臼を回していた。だが、後の時代になると臼の形に改良を加え、さらに挽き臼に水車や風車などの動力をつないだり、蒸気の力を用いたりして、だんだんとより便利なものにしていったわけである。

●この世は日進月歩

何事もこんなふうに、世の中のものは次第に進歩していく。今日は便利だと思うものも、明日になるともう面倒くさいものになる。去年は新しい工夫がなされたものも、今年はもう時代遅れとなってしまう。西洋の国々はこの点、まさに日の出の勢いだ。電信、蒸気機関、さまざまな機器などは、登場したそばからどんどん改良されていく。新しい技術を見ない日はないほどだ。

それればかりではない。形がある機器はもちろんのこと、人々の知性がますます進歩し、交際もさらに広がっている。交際が活発になれば、人々の性格もますます和らいでいく。そうすると国際法も次第に認知されるようになり、軽はずみに戦争を起こしたりしなくなる。

また、経済について議論が活発に行われるから、政治や商売の方法も一変する。学校の制度や書物の体裁、政府の協議、国会の議事など、改めれば改めるほど程度が高くなり、いったいどこまでいくのかわからないほどだ。試しに西洋文明の歴史の最初から十七世紀まで読んで、いったん本を閉じてみよう。そして二世紀とばして、十九世紀から読み始めてみる。するとその大股な進歩の度合いに誰もが驚いてしまうだろう。同じ国ぐにの歴史とはほとんど思えないほどだ。その進歩を実現させた源は何だろう。すべては昔の人々の遺産であり、先人たちからの贈り物に他ならない。

●文明開化の源流

我が日本の文明も、そのはじめは朝鮮や中国から来たものだ。以来、我が国の人々の力によって、それを磨きあげ、今日の姿にまでなったのである。洋学の発祥などは、はるか昔の宝暦の時代にまでさかのぼる。『蘭学事始』という本を参照してみるとよいだろう。

近年、外国との交流が始まってからこのかた、西洋の考えがようやく世間に広

十七〜十九世紀
この間に近代国家が成立し、産業革命などが起こった。

『蘭学事始』

杉田玄白（一七三三〜一八一七）が晩年に書き記した回想録。福澤が刊行した。

まるようになってきた。洋学を教える人や洋書を翻訳する人も登場している。世の中の人々の関心も、だいぶ変わってきた。そうした流れによって政府も一新され、藩政も廃され、今日の勢いとなった。このように文明の糸口を見つけることができたのも、昔の人々の遺産、先人たちの贈り物のおかげと言える。

●この世に痕跡を残せ

今まで述べてきたように、昔から、能力のある人物には、心身ともに苦労しながらも、世の中のために大きな仕事をしてきた人が少なくない。私たちは、今改めてこうした人物たちの思いを察してみれば、衣食住が豊かになった程度で満足する人たちだとは到底思えない。きっと、社会と交わってゆくことを重んじて、高い理想を抱いていたはずだ。

今の学生は、こうした人物から文明という遺産を受け継ぎ、まさしく進歩の最前線に立っている。だから、その行く手に限界を設けてはならない。これから数十年後、未来の文明の世の中では、今私たちが昔の人を尊敬するように、その時代の人たちが私たちが遺した恩恵を感謝するようになっていなくてはならない。

要するに、私たちの務めは、今日この世の中にいて、私たちが生きた痕跡を残すこと。そして永く後世の子孫に伝えていくことにある。その責任は重いというべきだろう。それなのに、どうして学校でたった何冊か本を読んだだけで商人や工員、あるいは小役人になって年に数百円の金を稼ぎ、ようやく妻子を養うだけで、満足できるのだろうか。確かに他人の害にこそなっていないけれど、ただそれだけであり、他人に利益をもたらす人物ではない。

もっとも、事をなすためには時勢にかなっているか、そうでないかが関わってくる。能力がある人物でも、時期がふさわしくなければ、力を発揮できない。今も昔も、そうした例は少なくない。近いところでは、私の故郷、中津にも、秀才で立派な人物がいたことを覚えている。もちろん今の文明という眼でこの人物を見れば、おかしな方を向いていたと思える発言や行動も少なくはなかった。けれども、これはそんな時代だったからで、その人物の責任ではない。また、その人物に事をなす気力が足りなかったのでもない。ただ不幸なことに、時代に恵まれなかった。そして、せっかくの能力も宝の持ち腐れとなり、無駄に月日を過ごし、死んだり、年老いたりしていった。結局、世の中の人々にその徳を与えることができなかったのは、残念と言うしかない。

●世のため、さらなる高みを

ところが今はもう事情が違う。先ほども言ったように、西洋の考え方がだんだんと広がってきた。その結果、旧政府を倒し、藩政を廃止に追い込んだのだ。これは単に戦争で社会が変動しただけだと思ってはならない。文明がもたらす効果は、たかだか一度の戦争というかたちで表面化すれば終わりというわけではない。つまりこの変動は、戦争によるものではない。文明にうながされた社会の人々の考え方が作り出す変動なのだ。あの戦争の変動はもう七年前に終わって、ほぼその爪痕もない。けれども人々の考え方の変動は今なお続いている。

そもそも、物が動かなければ、それを思った場所まで導いていくことはできない。学問の道を先頭に立って唱え、世の中の人々の考え方を先導し、さらなる高みへと後押ししてゆくのだ。とりわけ今の時期こそ好機だ。その絶好の機会にめぐり会えたのが、今の学生たちなのである。そうだとしたら、世の中のために、しっかり勉強しなくてはならない。以下十編に続く。

（明治七年五月出版）

戦争
戊辰戦争のこと。

第十編　学生よ、ハングリーであれ

・今の学生は、難しい学問を避けて、手っ取り早く学ぼうとする傾向がある。これでは学問の水準が上がっていかない。
・軍事力、工業生産力、学問どれも現状では外国にかなわないが、この状況を脱するために、必要なものを自力で供給できるようにする必要がある。
・そのためには、学問をさっと切り上げるのではなく、しっかり学び、目先の誘惑に溺れないことが肝要である。

前編の続き——中津の旧友に贈る

●難しいことに挑戦せよ

前編では、なぜ学問をしなければならないのかを、二つに分けて語った。おさらいをすると、こういうことだ。「人間ならば、ただ自分や家族だけ食べていけるからと満足していてはいけない。人として生まれたからには、もっと大切な使命がある。そのためには社会とつながりを持ち、社会の一員として世の中をよくしようと、がんばっていかなくてはならない」。

学問をするにあたっては、志を高く持たなければならない。飯を炊くのも、風呂の火を焚くのも学問である。天下国家について論じるのも、また学問だ。むろん一家のやりくりよりも、一国の経済運営のほうが難しい。世の中のものはだいたい、簡単に手に入るものは価値がない。価値がある理由は、手に入れるのが難しいからだ。

私は個人的に心配していることがある。今の学生は、難しい学問を避けて、簡単な学問に向かうという好ましくない傾向があるようだ。昔の封建時代なら、学生が勉強して教えられるようになっても、教える機会がなかった。世間の人は生きるので精一杯で学問どころではなかったのだ。やむをえず、学生はさらに勉強を重ねるしかなかった。その学問の中身はあまりいいとは言えなかったけれども、読書に励んだおかげで、その博識ぶりは今の人などとてもかなうものではなかった。

だが、今の学生はそんな遠回りはしない。学ぶそばから、すぐに学問を役立てようとする。たとえば洋学を学ぶ学生がいるとしよう。三年ほどで、ひととおり歴史や物理書を理解したとする。すると一人前に洋学の先生という触れ込みで、私塾を開く。採用されて学校の先生になる者もいる。あるいは政府に仕えて、大いに活躍したりする。

もっと安易な方法もある。今、話題となっている翻訳書を読んで、世間を駆け回って内外の事情を仕入れる。そして機会を見計らって官職につけば、もうひとかどの役人である。

このような状況が当たり前になれば、世の中の学問は、一向に水準が上がっていかない。学問に携わる人に向かって言うべきことではないかもしれないが、金勘定を例にとってこの議論をさらに進めてみたい。

●洋学者の相場

学問を学べる塾に入って、そこで必要な費用は一年でたった百円だ。三年間学べば、三百円の出費となる。それで月に五十円から七十円の利益を得ているのが、洋学者の商売である。先ほど言った聞きかじりの学問で役人になった者など、

授業料
慶應義塾は日本ではじめて定額の授業料を納入させた学校として知られているが、明治七年当時の入社金（入学金）は三円、受教料（授業料）は三十円であり、百円よりは大分安い。

この三百円の元手すらかかっていない。その人の月給はそのまま利益となる。

世の中にはいろいろな商売があるが、こんな割のいいものがあるだろうか。高利貸しですら、かなわない。もともと物価は世の中の需要が多いか少ないかで、高かったり低かったりするもの。今は、政府をはじめいろいろなところで洋学者のたぐいが、とり急ぎ求められているためにこんな相場になっているわけである。だから、こうした人たちをずるいといって咎めるわけではなく、また、採用した側のことを愚かだと馬鹿にするわけでもない。

ただ、私としては、このような人たちがせめてあと三年か五年、辛抱して本当に実学と言える学問を勉強してくれたらと思うのだ。その上で職に就けば、もっと有意義な仕事を成し遂げられるだろうと、残念でならない。そうなってこそ、日本全国に散らばっている学者の知性や徳も高まる。また、そうなってはじめて西洋諸国の文明と競争できる条件が整うだろう。

●実体としての文明

いったい今、学問をする人は何を目的として学んでいるのだろう。何者にも束縛されない独立を成し遂げると言うのか。それとも自主自由の権利を回復すると

役人の給料
太政大臣の三条実美が月給八百円、参議の伊藤博文が月給五百円で、文部省の役人であった高橋是清は月給五十円であった(九等出仕)。官吏に採用される人としては高橋是清のようなケースを想定していたのだと思われる。

でも言うのだろうか。「自由独立」と言うのであれば、その字の意味の中に義務という考え方が入っていなければならない。「独立」とは、一軒の家に住んで、他人に養われていないという意味だけではない。それは単に内での義務にすぎない。考えを一歩進めて、外の義務について語るとこういうことになる。日本で暮らして、日本人の名誉を守り、国中の人と協力し、この日本に自由独立の地位をもたらす。こうなってはじめて内外の義務を果たしたことになると言える。だから一軒の家に住み、ようやく生活しているだけの人は、独立した一家の主人とは言えても、独立した日本人とは言えない。

試しに見てみよう。今の日本には、文明という名目こそあるけれど、いまだに実体がない。形こそ整っているけれども、内側の精神はむなしいものだ。今の我が国の陸海軍は、西洋諸国の軍隊と戦えるだろうか。いや、けっして戦えないだろう。今の我が国の学術の中に、西洋に教えられるものがあるだろうか。いや、ひとつもないだろう。それどころか、西洋人から学んで、まだ西洋に遠く及ばないと恐れおののいているだけだ。

学生は海外に留学に行ってしまうし、国内では外国人を教師として雇う。政府の省庁から寮や学校、さらに各行政機関や港湾の運営まで、外国人の助けを借り

日本の陸海軍
当時は一八七三（明治六）年に徴兵令が施行されて間もない時代であった。

寮
省の下に属した役所。律令制に由来する呼称である。

ていないところはない。あるいは私立の会社や学校といったところさえ、新しく事業を立ち上げる際にはとにかく、必ず外国人を雇う。そして高い給料を払って彼らに頼るところが多い。

外国人の長所を学んで、私たちの短所を補うのだ。そうよく言われる。けれども今の様子を見れば、こちらはすべて短所で、外国はすべて長所であるかのようだ。もちろん数百年続いた鎖国をといて、急に文明国の人々と交わることになったのだから無理もない。まるで火が水に接したようなものだろう。

●外国と対等に付き合うために

この付き合いを対等なものにするためには、どうすべきか。とにかく外国から人を雇い入れたり、商品を買ったりして、当面はしのぐ他あるまい。火が水に触れるような混乱を収めるには、やむを得ない流れではある。これを国の失策とは言えないだろう。しかしながら、他国から物を調達して自国の目標を達成するやり方を、ずっと続けるのは得策ではない。あくまでそれは一過性の供給手段だと見なして、何とか自分たちをなぐさめているように見えなくもない。

しかし、この一過性のやり方は、いつになったら終えることができるのだろう

お雇い外国人
日本の近代化のため、明治政府は欧米先進国から多くの専門家を招いて高額の給与で雇っていた。著名なところではロエスレル、クラーク、モースなどがいる。その給与は政府の高官に匹敵するものであった。

か。よその国から供給してもらうのではなく、必要なものは自力で提供できるための手法とは、どうやって手に入れればよいのだろうか。はっきり見通しをつけるのはとても難しい。

今はただ、学者たちが研究を成し遂げ、彼らがこの国で必要なものを供給する手立てを整えるまで待つ他あるまい。つまり、学者たちはこうした使命を帯びている立場であり、取り急ぎそれを実現していかなければならない。

今、国内に雇い入れている外国人は、我が国の学者がまだ未熟なので、しばらく代理を務めてもらっている存在なのだ。今、外国から機器を買い入れているのは、我が国の工業がまだ発展していないため、しばらくの間、金と引き替えに調達しているものだ。我が国は海外の人材を雇ったり、外国製品を買ったりするのに金を費やしている。これは、我が国の学術が、まだ外国に及ばないために、日本の財産を外国に捨てているということだ。これは、国として大変、もったいないことだ。

学者ならこれを、恥ずかしいと思わなくてはならない。また、人として前途に希望を抱かなくてはならない。希望なくして大きなことを成し遂げられる人は、世の中にはいない。明日の幸せを思い描いて、今日の不幸を忍ぼう。来年の楽を目標に、今年の苦労を耐えるのだ。

●大きな仕事をせよ

昔は、世の中のことはなんでもかんでも、古い格式にがんじがらめにされていた。才能ある人であっても、希望を思い描くことはできなかった。ところが今はそうではない。この制限が一掃されたことは、まるで学問をする人のために新世界が開けたようなものだ。社会のあらゆるところで、大きな仕事をする機会に満ちているのだ。

農業をしたり、商売をしたり、学者になったり、役人になったりするのもいい。本を書いたり、新聞を発行したり、法律を作ったり、芸術を学ぶのもよいだろう。また、工業を興したり、議会を開いたりするのもよい。どんなことであれ、やってはいけない事業などないのだ。

しかもこうした事業を成し遂げることは、国内の仲間と競合するためではない。知恵を駆使して争うその相手とは外国人である。この知恵比べに勝てば、我が国の地位を高くすることができ、負ければ地位を落とすことになる。むろん勝てる望みも大きいし、目指すところも明確だと言える。

もちろん社会を動かす事業を実際に施行する際は、優先順位もある。また、力の注ぎ方に緩急をつけなければならないとも言われる。けれども、この国にとって絶対に欠くことのできない事業は、一人ひとりの持ち味に応じて、今すぐにでも研究に着手しなければならない。少しでも世の中で生きていくにあたっての義務を心得ている人ならば、今のような状況を傍観していられるわけがない。学問をする人に、怠けているひまなどないのである。

このように考えるなら、今の学生ならば、けっして通常の学校教育ぐらいで満足していてはいけない。志を高く掲げて、学術の真理に到達しなければならない。他人にすがらず、独立の心を持つこと。たとえ同じ志を持つ友がいなくても、たった一人でもこの日本という国を支えるくらいの気概を持ってほしい。そうして世のために尽くすのだ。

●酒と遊びに溺れる人

私は昔から、人にはどう生きるべきか指図するくせに、少しも自分自身を高められないような和漢の学者は好きになれない。だからこそ、この本の初編から、人民は皆同じ権利を持っているという自説を主張してきた。そして、人は自分で責任を持ち、自分の力で食べていくことがどんなに大切かを語ってきたのだ。ただ、自分で食べていけるというだけでは、まだ、私が考える学問の意義には届かない。

たとえばここに、酒に溺れ、女遊びにうつつをぬかし、勝手気ままで品行の悪い若者がいたとする。これをどのように扱えばよいだろうか。このような若者を指導して、まともな人間にするには、まず酒をやめさせ、遊び歩くのを禁じることだ。その上で、相応の仕事につかせるわけである。酒や遊び癖が直らないうちは、家業の話などしても無駄だ。

一方で、酒にも色事にも溺れないからといって、それでその人が優れているとは言えない。単に人の害にならないというだけでは、相変わらず無用の長物と言われてもしかたがない。

酒と遊びをやめることができた上で、仕事をして食べていくことができ、家の役に立てるようになってはじめて人並みの若者と言える。先ほど言った、自分で食べていけるという話もこれと同じだ。我が国の侍以上の身分の人々は、長年の習慣で、生活の何たるかを知らない。自分の財産がどこからやって来たのかもわからない。それなのにおごり高ぶって、無駄に飯を食い、これを当然の権利だと

酒好き
酒に対して厳しいことを言っている福澤だが、自身は酒をこよなく愛しており、『福翁自伝』内でも酒についてのエピソードはとても多い。「先ず第一に私の悪い事を申せば、生来酒を嗜たしなむと云うのが一大欠点、成長した後には自からその悪い事を知っても、悪習既に性を成して自から禁ずることの出来なかったと云うことも、敢て包み隠さず明白に自首します」と言っている。かつ

思っている。その様子はまるで、先ほどの、酒や遊びにふけって周りのことがさっぱりわからなくなっている若者のようだ。こんな体たらくに、いったいどう語りかければいいだろうか。まずは、自分で食べていく大切さを説いて、夢うつの頭を無理矢理にでもさましてやるしかない。こんな人たちに向かって、どうやって高度な学問をすすめればよいというのか。あるいは、世の中の役に立つという大いなる目標を説けばよいのか。たとえこんなことを説いたとしても、夢うつつの中で学問をすれば、その学問も夢まぼろしにすぎない。

●目先のはした金に目を奪われるな

こういうわけで、私はもっぱら「自分の力で生活していきなさい」という話のみにとどめ、本当の学問を勧めなかった。だからこの話は、働きもせず無駄に飯を食べている者に聞かせたいことであって、学問をする人たちに向けた話ではない。

ところが、気がかりな話を聞いた。最近、故郷の中津で学問を志した人のうち、学業がまだ途中なのに生計を立てる道を探している人がいるそうだ。もちろん生計を立てるのは大事なことだ。また、人によっては得手不得手があるから、

て長崎時代は禁酒に成功したものの、適塾時代に禁酒を試みて失敗し、結局煙草も始めてしまったという。特にビールが好きで、禁酒中もビールは酒にあらずと言って飲んでいたというエピソードがある。とは言え、酒を呑んでも呑まれないのをポリシーにしていて、人に不快な思いをさせないようにしていたように、円滑なコミュニケーションに役立つ範囲で楽しんでいたと言えるだろう。

学問に向いていないとしたら、早々に将来の進むべき道を決めてしまったほうがよい。けれども、もし、誰も彼もがそんな風潮になびき、ただ生計を早く立てたいと競うようになるのはいかがなものか。すぐれた若者が、せっかくの資質を開花させないままで終わってしまう恐れがある。本人にとっても、これは残念なことであり、日本にとっても惜しいことである。

生計を立てるのは難しいとはいえ、きちんと家計を管理すれば、たいていは何とかなるものだ。早く働いて目先の金を手に入れて小さな安心を買うよりも、倹約しながら苦労を重ね、あとで大成するほうがよいに決まっている。

学問の道に足を踏み入れたら、おおいに学問をすべきである。農業をやるなら、大農家になりなさい。商売をするなら、大商人になりなさい。学者はささやかな安定に満足してはいけない。粗末な服や質素な食事が何だ。寒さ、暑さも我慢する。米も自分でつけば、薪も割る。学問は米をつきながらでもできるものである。人間の食べ物は西洋料理ばかりではない。麦飯をほおばり、味噌汁をすすりながらも、文明について学ぶべきだ。

（明治七年六月出版）

第十一編　専制は不正をもたらす

・親子の間であれば名分は成立するが、社会全体では無理がある。
・専制は不正の温床になる。聖人君子のように見せておいて裏で不正を行うのは偽君子である。まれに義を重んじる人はいるにはいるが、人数が少なすぎてそれでは国を維持できない。

名分があるから偽物の君子が生まれる

●親子であればよいけれど

第八編に、「上の者と下の者、尊い人と卑しい人」の立場、つまり名分から生ずる夫婦や親子間の弊害について例を挙げた。そして、他にもたくさんこの害が及んでいると記した。

名分
南宋時代の朱熹が始めた朱子学に特徴的な考え方で、君主と臣下にはそれぞれの立場と役割を重視し、身分秩序を重んじるものである（大義名分論）。江戸時代には朱子学が幕府の正統な学問として採用されて広まっていったが、ここから尊王思想が生まれ、倒幕の原動力になっていった。

まずは、この名分がどのように生まれるのかを考えてみたい。確かに表向きは、とても強い力で弱くて小さい人々を支配するという意味には違いない。けれどもその本来の趣旨は、必ずしも悪意のある考えから生まれたものではない。

名分の根本にある考え方は、「世の中の人々は皆愚かな善人だ」という見方である。こうした人々を救って正しい方向へ導き、教えたり、助けたりする。ただひたすら目上の人の命令に従わせ、自分の考えはけっして主張させない。そのかわりに、目上の人が経験を活かして、あれこれよいように取り計らう。名分とは、一国の政治から、村の運営、店の取り仕切り、家のやりくりまでのすべてにおいて上の者と下の者とが心をひとつにし、あたかも世の中の人間関係を親子の間柄のようにしていこうという趣旨なのである。

たとえば十歳ぐらいの子どもを扱うときは、もちろん、その子の思いどおりにさせるわけにはいかない。たいていは両親がいいように取り計らって、着るものや食事を与えている。子どもは親の言うことに逆らわず、親の指図に従っていればよい。そうすれば寒い日には綿入れの暖かい服がきちんと用意されているし、腹が減ったらご飯の支度もできている。食事も衣服もまるで天から降ってきたもののように、欲しいと思うときにいつでも目の前にある。言うとおりにしていれば、何ひとつ不自由せず安心して家で暮らせるのである。

　両親は、何ものにも代えられないほど子どもを愛している。だから教えるのも諭すのも、ほめるのも叱るのも、すべてが本物の愛情から生じる振る舞いだ。まさに親子は一心同体、その心地よさは他にたとえようもない。すなわちこれが親子の付き合いであり、そこには上下を区別する名分も成り立つし、なんの差し支えもない。

●名分は想像の産物である

　世の中で名分を支持する人は、この親子の付き合いをそのまま人間同士の付き合いに当てはめようとする考え方をしている。なかなか興味深い工夫のようではあるが、これには大きな差し障りがある。

　親子の付き合いは、知力が熟した実の父母と、十歳ぐらいまでの実の子どもとの間にだけ成り立つものだ。赤の他人の子どもに対しては、そのような関係は育まれない。また、たとえ実の子でも、二十歳以上になれば次第に親子の関係も変わらざるを得ない。ましてや、既に成長して大人になっている他人同士に当てはめようとは。とてもこの流儀では付き合いを重ねていけるはずがない。できたらいいとは願っても、実際は不可能なのだ。

さて、今、一国、一村、政府、会社など、人間同士の付き合いとされるものは、すべてが大人と大人の関係、他人と他人の付き合いである。そんな中に実の親子の流儀を用いようとしても、難しいだろう。

とはいえ、たとえ実際にはあり得ないことであっても「こんなふうにできたらいい」と想像したら、それをやってみたくなるのが人間というものだ。このようなわけで世の中に名分というものができ、独断的な政治がまかり通っているのだ。このように、名分は本来、悪意から生まれたものではない。あるべき姿を願う想像力によって、無理やり作られたものなのだ。

●南風薫る仁政という妄想

アジア諸国では、国王のことを「民の父母」と言い、国民のことを「臣子」や「赤子」と言う。また、政府の仕事を「牧民の職」と名付け、中国では地方の役人のことを「何州の牧」と呼び習わしている。この「牧」という字は、家畜を飼うという意味である。州内の人民を牛や羊のように扱うつもりなので、その意味を堂々と看板にかかげているのだ。あまりにも思い上がったやり方ではあるまいか。

牧
州知事のような役職で、刺史との間で名称変更を繰り返していた。五代十国時代に形骸化し、宋代からは見られない。

このように人民を子どものように、また牛や羊のように扱ったとしても、先ほど述べたように、そもそもの心づもりは必ずしも悪意ではない。実の両親が子どもを養う気持ちと同じなのである。そこでまず、国王は徳が高く、聡明な人間なのだと決める。そして賢くて公正な役人が国王を補佐する。この政府には私心や我欲など一かけらもない。水のように清らかで、矢のようにまっすぐな心が人民に向けられる。愛情深く民を扱い、飢饉が起きれば米を配給し、火事が起これば見舞金を出す。あらゆる折に力添えをし、救いの手をさしのべて育て、衣食住の心配がないようにする。まるで暖かな南風が薫るようにお上の徳が降り注ぎ、あたかも草木がなびくように民は従う。お上の心は綿のように柔らかで、民の心は木や石のように穏やかだ。そして、上と下とが一体となって、共に天下太平を口々に唱えるという目論見なのだろう。まさに極楽のような情景である。

けれども現実をよく考えてみよう。政府と人民は、もともと血のつながった者同士ではない。はっきり言えば、他人同士の関係だ。他人と他人の付き合いを、私情で行ってはならない。必ず規則や約束といったものを作るべきだ。そして、お互いにそれを守りながら、ほんのわずかな権利の差を争う。そのほうが、かえって双方丸く収まるものだ。これこそ国法が生まれたゆえんである。

南風の薫ずるがごとく
君主の仁政があまねく行き渡る様子を言い表す言葉としてよく使われていた。

先ほど言ったように、名分で世の中を治めるのなら、すばらしく聡明な君主と、賢い役人と、従順な人民がいるという条件がつく。だが、いったいどこの学校に入れれば、そんな非の打ち所のない君主や役人を作り出せると言うのか。どんな教育を授ければ、こんなけっこうな民になると言うのか。

●一度でも理想どおりなったことがあるのか

中国でも、大昔の周の時代からずっとこれを気にかけてきた。だが今日まで一度も理想どおりに治まったときはなかった。そして今どんな有様かといえば、外国人に支配されているではないか。

それなのに、これまで述べてきた意味をいまだにわからないまま、効きもしない薬をひたすら飲むようなことを続けている。小刀で細工したようなせこせこした策略を、いかにも仁政のように用いているのだ。神でもない君主や役人が、その仁政とやらに無理を調合して、ご恩を民に施そうとしている。だがそんなご恩はかえって迷惑に変わってしまい、仁政は苛酷な政治になってしまう。これでどうして天下太平と言えるだろうか。そう宣言したければ、勝手にそうすればいい。ただし、誰も共に声を合わせてくれる者はいないだろうが。

理想の治世
中国における理想の治世は、唐代の太宗・李世民による貞観の治（六二七〜六四九）だとされており、この時代の治世を紹介した『貞観政要』は帝王学の書として長く読まれてきた。側近の意見をよく聞き、善政を行ったとされる太宗だが、高句麗遠征には失敗し、完璧とは行かなかったようである。

結局、そんな目論見そのものが、現実に合っていないのだ。隣の国のことながら、笑えてならない有様である。

●不正を見抜けない旦那の落ち度

このようなやり方は、政府に限ったことではない。商店でも、塾でも、神社や寺でも、どこでも行われている。今、一例を挙げてみよう。とある商店でのこと。ここでは旦那が一番もの知りなので、大元の帳簿を扱うのは旦那だけだ。番頭や手代もいて、それぞれが役目にいそしんではいるけれど、旦那の他は誰も商売全体の仕組みがわからない。使用人たちはいつも、口やかましい旦那から指図されているばかり。給料も旦那次第、作業の中身も旦那次第だ。いったい商売が儲かっているのか、損をしているのか。彼らは元帳を見てそれを知るのではなく、朝から晩まで旦那の顔色をうかがい、それでもって判断する。旦那の顔に笑顔が浮かんでいるときは、商売もまずまず。旦那が眉間にしわを寄せているときは、商売はかんばしくない。せいぜいそんな程度の心配しかせず、使用人たちは皆お気楽なものだ。

ただひとつ心配なのは、自分が担当している帳簿を少しばかり筆でいじって、

番頭　商家使用人の最高位。

手代　商家における中間管理職。

ごまかしをしていることくらいだ。鷲のような鋭い目をした旦那も、さすがにそこまでは見つけきれない。しかも旦那は、使用人のことを律儀な忠義者と思い込んでいる。ところがその使用人がまさかの駆け落ちをしたり、急死したりしたときに、事が一気に露見してしまう。旦那がその帳面を調べてみると、大穴とも言うべきとんでもない不正が行われていたと知る。そこでようやく旦那は忠義者だと思っていた使用人が信用できない男だとわかり、大いに嘆くという顛末だ。

けれどもこれは、使用人がたまたま信用できない人物だったせいではない。頼りにならなかったのは、専制という仕組みのほうなのだ。旦那と忠義面した使用人とは、赤の他人で、しかも大人同士。その使用人に対して利益の取り分も決めず、子どものように扱おうとしていた旦那の了簡が間違っていたのである。

●偽君子世にはばかる

このように、上の者と下の者、尊い人と卑しい人の名分に従って専制を行おうとすることが原因となって毒が吹き出すと、だましたり欺いたりする病となって、人間世界に流行していく。この病に取りつかれた者を偽君子とでも名付けよう。

たとえば封建時代の頃、大名の家来は、表向きは皆忠臣ということになっていた。形だけを見れば、殿と家来、上下の名分をきちんと守っている。お辞儀をするにも、座敷に入るか入らないかの区別がある。亡くなった主君の葬儀や命日の前日には肉食を控えて身を慎み、若殿が生まれたときには、裃を着る。年頭のあいさつや、主家の菩提寺への参詣では家来たちは一人も欠かさず出席する。

彼らは口々にこんなふうに言う。「武士ならば、貧しいのはいつも当たり前。忠義を尽くして、お国に報いるのだ」。あるいはこうも言う。「主君から禄をもらって食べている者は、主君のためにいつでも死ねる」と、そのようなことをご大層に言いふらす。そして、いざと言うときは、すぐにでも討ち死にしようという勢いだ。こんな調子で、ほとんどの人は騙されてしまう有様だ。けれども、こっそり彼らの裏の姿をのぞいてみれば、こういう連中こそあの偽君子なのだ。

大名の家来としてきちんと仕事を勤めている者だとしたら、いったいどうしてその家に金が貯まるのだろう。決まった給料と、決まった役職手当だけのはずで、一銭の余分な収入もないはずだ。それなのに、収入から出費を差し引いてみると、余りが出てくるとはじつに怪しい。役得なのか、賄賂なのかはわからないが、おそらく何らかの方法で主人のものをせしめているに違いない。

肉食の禁
江戸時代は建前上、肉食は禁忌であったため、特に命日の前夜は肉食を断った。なお福澤は適塾時代から牛肉を食しており、一八七〇(明治三)年に『肉食之説』を刊行するなど、肉食普及にもつとめている。

裃(かみしも)
和服の正装。上半身に着る「肩衣」(かたぎぬ)と呼ばれる袖のない上衣と「袴」の組合わせで、小袖の上から着る。

その食を食む者はその事に死す
中国古典『説苑』の句。

そのもっとも典型的な例として、建築土木の奉行が大工に見返りを要求したり、会計の役人が出入りの町人から付け届けを受け取るといったようなことが挙げられる。こうしたことは全国どの藩でも、ほとんど当たり前のように行われてきた。「主人のためなら馬前で盾となって討ち死にする」などと言っていた忠臣が、その主人の買い物で金品をくすね取るとは、あまりにも筋が通らない。これこそ金箔でごまかした偽君子と呼ぶべきだ。

ごくまれに正直な役人がいて、賄賂の噂も立たないとなると、いまだかつてない名臣として藩中の評判になったりする。しかしこの人は、ただ金を盗まないというだけだ。盗み癖がないからといって、そこまで褒められるべきことではない。ただ偽君子だらけの中に、ごく普通の人が混じっている状態だから、ずば抜けてすばらしい人物のように見えるだけなのである。

●日本に義士はいないか?

この偽君子があふれかえっているそもそもの理由をたどれば、昔の人々が抱いていた妄想に行き当たる。つまり、世の中の人民は皆申し分のない人間で、言うとおりに行動するものだという思い込みだ。その弊害は、専制政治によって人民を抑圧する統治となり、そして最終的には、飼い犬に手をかまれることになる。この世で頼りにならないものは名分だと、つくづく思う。そして名分から流れ出た毒の最たるものが専制や抑圧だ。何という恐ろしいことだろう。

ある人は言うかもしれない。「こんなふうに、人民の不誠実で悪い例ばかりを挙げていけばきりがない。我が国は義を重んじる国なのだから、全部がそうではないはずだ。昔から、義士が君主のために身を捨てて働いた例は、いくらでもあるではないか」。私はそれにこう答えたい。「まったくそのとおり。義士がいなかったわけではない。ただ、その人数が少なすぎて、計算が合わないのだ」と。江戸時代の元禄年間は、義侠心の花盛りとも言える時代だった。この頃、赤穂七万石の家来の中に義士が四十七人いた。七万石の領地といえば、藩の人口はおよそ七万人だったろう。七万人の中に四十七人の割合だとすると、七百万人の中には四千七百人の義士がいることになる。

それから月日が流れて、人情はしだいに薄れてきた。義侠心も落ち目の時代となった。確かに世の中の人々がよく口にしているし、これは間違いないだろう。したがって元禄年間にくらべると人の義侠心は三割減ったと見積もって、七掛けにしてみよう。すると、七百万人あたり三千二百九十人という割合になる。今、

赤穂藩の石高
正確には五万石。もとは五万三千石だったが、分知のため浅野長矩切腹の時には五万石になっていた。

日本の人口が三千万人だとすると、義士の数は一万四千百人ということになる。だが日本を守っていくのに、この人数で足りるだろうか。答えは三歳の子どもにだってわかるはずだ。

●名分と職分の違い

以上の議論では、名分はまったく使いものにならないという結論になる。けれども、念のために一言だけつけ加えておきたい。名分とはうわべだけのお飾りで、実体のない名目のことである。上の者と下の者、尊い人と卑しい人というふうに区別することも、皆無用のものだ。けれども、この飾り物に過ぎない名目に、実体のあるそれぞれの職分をあてはめてみるとその職分さえしっかりと守っていれば、この名分を残しておいても不都合なことはない。

つまり、政府は一国の元締めであって、国民を支配する職分がある。国民は一国の出資者として、国費を負担する職分がある。政治家や役人の職分は、法律を定め、施行することにある。軍人の職分は、命令に従って戦うことである。この他、学者にも町人にも、それぞれに定められた職分がある。

それなのに、知ったかぶりの早とちりが、名分は不要と聞いて、さっそく自分

義士の人数の推論方法
このように実際に調査するのが難しいようなとらえどころのない量を、いくつかの手がかりをもとに論理的に推論し、短時間で概算することを「フェルミ推定」と呼ぶ。名前の由来はイタリアの物理学者、エンリコ・フェルミ（Enrico Fermi, 一九〇一～一九五四）だが、フェルミ生誕前に福澤は没しているので、福澤がフェルミを知る由はない。

の職分を忘れてしまい、国民でありながら政府の法律を破ったりする。また、政府は国民の産業に手を出してみたり、兵隊は政治に口出しをして勝手に戦争を起こしたりする。文官としての政治家が武官である軍人に腕っぷしでねじ伏せられ、指図されるといったことになれば、これこそ国の大きな乱れである。このように、自主自由を生半可にしかわかっていないことにより、無政府状態や無法状態に陥ってしまう。だから、名分と職分とは字面こそ似てはいるけれど、その趣旨はまったく別のものなのだ。学者はこの違いを間違えないようにしていただきたい。

（明治七年七月出版）

第十二編　見識の磨き方

・観察、仮説、読書をすることによって知見を集めるとともに、発表する方法も身につけなければならない。そのため、演説の方法を学ぶべきである。
・常に向上心を持ち、現状で満足するのではなく、より先を進んでいると思う人と比較して努力すべきである。
・かつて繁栄を極めたインドやトルコは衰退してしまった。それは、国内ばかり見ていて海外の進んだ文化を学ばなかったからである。

演説のすすめ

●伝える方法の大切さ

演説のことを英語で「スピーチ」と言う。大勢の人を前に話をして、自分の意

演説
Speechを「演説」と訳したのは福澤自身である。なお、福澤は演説を重要視し、一八七五（明治八）年に三田の慶應義塾内に三田演説館をつくった。

見を人に伝える方法だ。日本には昔からそういう方法があるとは聞かない。しいて言うなら、寺院の説法ぐらいだろうか。

西洋の国々では、演説が非常にさかんだ。政府の議会、学会、会社からさらには市民の集まりから冠婚葬祭、開業や開店などのささやかな規模に至るまで、演説の機会はさまざまだ。十名ほどの人が集まった折にも、必ずその会についてのことや、集まった趣旨などを述べる。あるいは日頃考えている持論から、その場での思いつきまで、聴衆に披露する風習がある。

この演説が大切なのは、言うまでもない。たとえば今、世間では議会が必要だという意見がある。しかし、たとえ議会を開いたところで、どのように自分の意見を述べるかという方法がわからなければ、議会も役には立たない。

演説によって何かを語れば、その中身の善し悪しはともかく、口頭で話すこと自体が、人に興味を抱かせるものだ。たとえば文章に記すとたいして意味がないようなことでも、言葉で述べてみると理解してもらいやすいし、感動を与えることすらある。古くからある名高い詩や歌もこのたぐいだ。こうした名作を普通の文章に訳せば、おもしろくも何ともなくなってしまうが、詩歌の約束事に従って体裁を整えてみると、限りない趣が生まれてきて、人々を感動させる。このよう

議会開設

一八七四（明治七）年一月、政府を下野した板垣退助・後藤象二郎らが中心となり、政府に対して民選の議会開設を要望した建白書を提出。自由民権運動の端緒となった。実際に議会が開かれたのは、大日本帝国憲法が発布された翌年の一八九〇（明治二十三）年。

に、一人の人間が考えていることを、多くの人にうまく伝えられるかどうかは、それを伝える方法に大きく左右される。

●学問は活用しなければならない

学問とはただ本を読むことではない。このことはもう皆知っていることなので、今ここで語る必要はないだろう。学問で重要なことは、それを実際に活かすことである。活用できない学問は、無学と変わらない。

昔、朱子学を学んでいたある学生の話がある。この若者は長い間江戸で勉強をした。朱子学の大家たちの本を、日夜怠ることなく書き写した。数年すると、写し取った本は数百巻になった。そしてついに学び尽くしたと思い、故郷へ帰ることにした。そこで彼は東海道を歩いて下り、写本はつづらに入れて船便で積み出した。ところが不幸なことに、船は遠州灘で沈没してしまった。学生だけは無事に故郷に帰ることができたけれども、書物はすべて海に流れてしまい、身についた学問は何ひとつなくなってしまった。まさに「本来無一物」だが、その愚かさは、学問を始める前と変わらなかったと言う。

今の洋学者も、こうなる心配がなくはない。彼らが都会の学校で読書や議論を

朱子学
南宋の時代に朱熹（一一三〇〜一二〇〇）が完成させた儒学の一派で、江戸幕府の正学とされた。

本来無一物
仏教の考え方で、物事はすべて無なのだから執着すべきものは何ひとつない、というもの。

している様子を見る限り、ひとかどの学者だと一応は言わざるを得ない。けれども彼が題材にしている洋書を取り上げて故郷に帰してみたらどうだろう。親戚や友達に「私の学問は東京に置いてきた」などと、笑い話にもならない言い訳をするようなことになりかねない。

●内と外に向けて学問を深める

だから、学問の本来の趣旨はただ読書することにあるのではなく、精神の働きにあるのだ。この働きを活用して、実際に使うためにはさまざまな工夫が必要となってくる。英語の「オブザベーション」とは物事を観察することだ。また、「リーズニング」とは、物事の道理の仮説を立てて、自説を裏づけることである。

もちろん、この二つだけで学問を実際に役立てるための手段だとは言いきれないだろう。この他にも本を読まなくてはいけないし、著書を記さなければならない。また、人と議論したり、自分の考えを述べたりすることも必要だ。こうしたさまざまな方法を使い尽くして、はじめて学問を勉強する人だと言えるのだ。

すなわち観察、仮説、読書をすることによって知見を集める。議論を通じて知見を交換する。そして著書を記したり、演説を行ったりすることは、知見を広める手段となる。この中には一人でできることもあるけれど、議論と演説は、必ず誰かと一緒に行うしかない。演説会といった機会が必要となるのも、こういう理由からなのだ。

今の我が国でもっとも心配なことは、見識がお粗末である点だ。これを指導して高度なものにするのは、本来、学者の責務である。その手段がわかっているのなら、力を尽くしてこの任務にあたらなくてはならない。それなのに、いまだにこれを実行する者がいないのはどうしてなのだろう。学問の道において議論や演説が大事なのは、すでに明白であるにもかかわらずだ。これは学者の怠慢と言うべきだ。

人間の行為には、自分の内と外のそれぞれに向き合う二通りがある。その両方をしっかりと修めるべく努めなければならないのだ。今の学者は内側一辺倒で、外に向かって働きかけることができない者が多い。そのことを心配せずにはいられないのだ。一人でじっくり考える様子は深い淵のように、一方、人と活発に接する様子は飛ぶ鳥のように。別の言い方をするなら、学問としての緻密さは内に限りなく向かう。そして、学問を活用する上では外に限りなく広がっていく。そうなってはじめて真の学者と言えるのだ。

内と外に限りなく
原文「その密なるや内なきが如く、その豪大なるや外なきが如くして、始めて真の学者と称すべきなり」は、中国の戦国時代末期に秦の呂不韋が編纂させた『呂氏春秋』の「その大なるや外無く、その小なるや内無し。これを至貴といふ」に拠る。

より高尚を目指せば品格は高まる

●理解することと実行することの違い

先ほど「今、我が国でもっとも心配なのは、国民の見識がいまだに低いことだ」と言った。人の見識や品行は、難しい議論をすることによってのみ、高まるものではない。たとえば禅宗では、「道を悟る」などと言って、その理屈はことさらに奥深いもののようだ。だが実際に僧侶たちのやっていることと言えば、回りくどく漠然としているだけで、何の見識もないのと同じだ。

また、人の見識や品行は、ただ見聞が広いからというだけで高まるものでもない。たくさんの本を読み、広く世の中の人と交際していても、それでも自分自身のしっかりとした意見を持てない人もいる。古い習慣をかたくなに守る儒学者などがこのたぐいだ。儒学者だけではなく洋学者であっても、このような弊害から逃れられない。

今、西洋の日に日に進歩する学問を志して、ある人は経済書を読む。またある人は修身学を論じる。あるいは物理学や哲学など、昼となく夜となく精神の活動をすべて学問に捧げる。その様子はまるで、いばらの上に座って棘の痛みに耐えているように見える。けれどもその人の私生活を見れば、これがけっしてそんなことはない。

目では経済書を見ているのに、一家の家計を営むことができない。口では修身学を語りながら、自分の身すら修めることができない。その人が言っていることと行いを比べると、まるで別人のようだ。一定の見識があるようには見えない。

つまり、この手の学者が言っていることや理解していることは、必ずしも間違っているわけではない。だが、正しく物事を理解する心と、それを正しく実行する心はまったくの別物であり、この二つの心は同時並行して働く場合もあるし、働かない場合もある。よく「医者の不養生」と言ったり、「論語読みの論語知らず」と言ったりする。こうしたことわざも、この二つの心を指しているのだろう。

だからこう言いたい。人の見識や振る舞いは、深くて難解な理屈を議論するからといって高尚だとは言えない。また、知識が広いからといって高尚だとは言えない。

論語読みの論語知らず
58頁参照。

●高い次元の使命を持て

では、人の見識を高め、それにふさわしい振る舞いをさせるには、どうしたらよいのだろうか。その秘訣とは、物事の様子を見比べて上を目指すこと、決して自己満足しないようにすることである。ただし、「様子を見比べる」とは、部分的な物事をあれこれ比べることではない。こちらの全体と、あちらの全体とを比べて、それぞれの優れている点と劣っている点を余すところなく推察するのだ。

たとえば今、若い学生が酒や色事に溺れたりすることなく、まじめに勉強しているとしよう。そして父や目上の人に説教されることもなければ、この学生は、多少は誇らしく感じることだろう。けれどもしょせんは、他のだらしがない学生に比べればましというだけに過ぎない。まじめに勉強するのは、人ならば当たり前で、褒めるほどのものではない。

人間としての使命としては、もっと高いものでなければならない。古今の人物を調べて、誰と比べて、誰と同じくらいの功績を挙げれば満足できるか。ここで大切なのは、必ず一流の人物と比べてみることだ。もしも自分に長所がひとつあっても、向こうは二つあるとする。それならば、自分のそのひとつの長所だけで満足する理屈などない。まして、後から来る者は、先人たちを超えていくと決まっているのだ。古人の中に先例がなく、比較する相手がいない場合は、なおさら奮い立たなくてはなるまい。現代の人間として、責任は重大だ。

ところが少しばっかりまじめに勉強したというだけで、生涯の仕事と言えるだろうか。考えが足りないことはなはだしい。

酒や色事に溺れる者は、まともな人間ではない。このような連中と比べて自己満足している者は、目が両方見えるのだと得意になって、目の不自由な人に向かって勝ち誇っているようなものだ。自分の愚かさをさらけ出しているに過ぎない。

要するに、酒や色事がどうのこうのと話し、言い負かしたり、よいとか悪いとか言ったりしているうちは、議論の程度が低いと言わざるを得ない。ふだんの振る舞いが少し上向いてきている人なら、この程度の話題は既に卒業しているはずだ。議論をしかけてみても、相手はうんざりするばかりだろう。

●風紀の厳格さは学校の美点とは言えない

日本では学校を評価する際、今の保護者はこんなことばかり心配している。

「この学校の校風はこうだ。あの学塾はこんな風紀の取り締まりをしているらしい」。そもそも「風紀の取り締まり」とは、どのようなことを指すのだろうか。校則が厳しければ、生徒が勝手気ままに振る舞うのを防げる。だから取り締まりが行き届いているかどうかが気にかかるとでも言いたいのだろうか。

これを、学問を学ぶ場のすばらしい点として褒めるべきだろうか。逆に、私はかえって恥ずかしいことだと感じる。西洋の国々の風紀は、けっして褒められたものではない。それどころか、見るに堪えないものも多い。けれども、その国の学校を評価する際に、風紀が乱れておらず、取り締まりが行き届いているというだけで名門校とされるなど聞いたことがない。

学校にとっての名誉とは、学科の程度が高いこと、教え方がうまいこと、教師が高潔な人物であること、議論の程度が低くないことといったことだけなのだ。だから、今学校を運営したり、学校で学んだりしている人は、程度の低い学校と比べているようではいけない。世界の一流校を相手に、長所や短所を語り合うべきだ。風紀がきちんとしていて、取り締まりが行き届いていることも、学校の美点とは言える。けれども、それは学校というもののもっと低い部分での美点にすぎない。少しも自慢するようなことではない。一流校と比較する際は、もっと大事な別の観点があるはずだ。

つまり、学校の急務としていわゆる取り締まりのことが話題になっている間は、たとえそれが行き届いていても、そこで満足していてはいけない。

●国については、他国や別の時代と比較せよ

国としてのあり方を議論する際にも、同じことが言える。例えばここに一国の政府があるとする。優秀で公正な人間が政治を切り盛りし、民衆の苦楽を思いやって適切な策を施している。功績がある人を賞し、罪を犯した人を罰することを徹底している。指導者の恩恵と威光が行き渡っていて、人々は皆満ち足り、太平の世だと言っている。これは本当に誇るべき状態に思えることだろう。

とはいうものの、賞罰にしても指導者の仁徳にしても、人民すべてが満ち足りて平和だと言うのも、しょせんは国内のことに過ぎない。一人か、せいぜい数人で形成された意見でしかないのだ。

国の長所と短所は、その国の前の時代と比較しての結果や、あるいは悪政を敷いている他国と比べた上で誇るものだ。この例は決してその国全体の状態を詳しく見ていって、他国と一から十まで比較したものではない。

もし、一国を世界全体の一部と見なして、他の文明国と比較したらどうだろ

う。数十年を区切って、その間に形成された長所と短所を集計してみる。そして実際、突出している項目と下回っている項目を目に見える形で示し、その上で論じたとしたらどうだろうか。今まで誇っていたものも、決して誇るには足りないものだとわかるだろう。

●インドとトルコの黄昏

たとえばインドという国の歴史は古い。その文明が開けたのは、西洋の始まりよりも数千年も前のことだ。そこで生まれた理論が精緻で奥深いことは、おそらく今の西洋諸国の理学と比べても、恥じることのないものが多いだろう。

また、かつてのトルコ政府も、権威に満ちて強く、勢いがさかんだった。政治、文化、軍備などすべてがみごとに整っていた。君主は賢くて聡明で、臣下の者たちも品行方正だった。人口の多さと、兵士の勇敢さにかけては、周辺国でトルコに肩を並べるところはなく、一時はその名誉を四方に輝かせていた。

だから、インドとトルコを評するなら、一方は名のある文化国で、もう一方は武勇の大国だと言うことができた。

しかし、今、この二大国の有様はどうだろう。インドはすでに英国の植民地

インダス文明
古代文明のひとつであり、起こりは紀元前二六〇〇年頃だと言われている。

トルコ
当時はオスマン・トルコ帝国（一二九九～一九二二）の時代。小アジアで勃興し、一四五三年にコンスタンティノープルを落として東ローマ帝国を滅ぼし、一五二九年にはウィーンを包囲するなど世界帝国として栄えたが、一六九九年のカルロヴィッツ条約でハンガリーをオーストリアに割譲して以降は徐々に衰退し、十九世紀に入り領土は急速に縮小していた。

で、その人民はイギリス政府の奴隷と変わらない。今のインド人の仕事は、ただアヘンを作って中国人を毒殺することだ。そしてイギリスとだけ商売をし、毒物の取引で利益を得ているだけだ。

トルコ政府も名ばかりの独立という有様だ。商売の権利は英仏の連中に独占されている。自由貿易の影響を受けて、国内の産業は日に日に衰えつつある。機を織る者もおらず、機器類を製造する者もいない。せいぜい額に汗して農地を耕すか、手をふところに入れて何もせず、無意味に毎日を過ごすかだ。工業製品はすべて英仏からの輸入に頼るしかなく、それ以外に国の経済を運営していく手立てはない。武勇を誇っていた兵士たちも貧乏に耐えかねて、さすがに役に立たなくなっていると言う。

このように、インドの文化も、トルコの武威も、それぞれの国の近代文明に少しも貢献できなかったのはどうしてだろうか。

それは、両国の人民が、国内のことしか見ていなかったからだ。自国の状況にすっかり満足しきって、その状況の一部だけを海外と比べて優劣がないと見なし、勘違いしてしまうのだ。そうすると議論も国内止まりとなってしまう。さまざまな思惑を持った集団も、けっきょく国内のことしか考えない。勝ち負けも、

インドの植民地化
一八五八年にムガル帝国が滅亡し、インドは英領となっていた。

アヘン製造
インドでは元来綿工業がさかんだったが、イギリスの綿製品が売れない原因だったため、植民地化の過程で徹底的に破壊された。また、インドで麻薬のアヘンを生産し、中国に密輸していたことがアヘン戦争の原因となった。

トルコの財政破綻
一八七五年、トルコは外債の利子支払不能を宣言、財政破綻した。

栄誉も恥辱も、他国の全状況と比べようとはしない。人民は国内で太平の世を楽しんだり、兄弟喧嘩をするのが関の山である。そうこうするうちに、西洋の国々の経済力に圧倒され、国を失ってしまったのだ。

西洋諸国の商人は、アジアで向かうところ敵なしではないか。これは恐るべきことだ。もし、この敵を恐れながら、その一方で彼らの文明を見習いたいと思うなら、きちんと内外の状況を比較して、その上で努力しなければならない。

(明治七年十二月出版)

トルコの近代化

トルコでは一八三九年のギュルハネ勅令以降、近代化改革に取り組み、一八七六年にはアジア初の憲法「ミドハト憲法」が制定されている。この時代の改革をタンジマート・イ・ハイリエ(恩恵改革)というが、列強の侵攻を押し返す力はなかった。

第十三編　ねたみという病

・人間社会でいちばん害が大きい欠点は、ねたみであり、疑い、嫉妬、恐怖、卑怯などは、すべてねたみから生じる。
・ねたみを生み出すのは、「窮」である。身分制度にこだわり人から自由を奪うと「窮」は増大していく。

ねたみがどれほど害になるか

●欠点の多面性

人間にはいろいろな欠点があるけれど、人間社会でいちばん害があるものは、ねたみである。強欲、贅沢、悪口といったものも、相当に人の道に外れるものだ。けれども、こういった欠点も、よく見てみれば、本質の部分では悪いことば

ねたみ　原文では「怨望」と表記されており、envyを訳したものである。音が似ているのが面白い。

かりではない。そうした振る舞いをする場所柄や、程度の差、方向性などによっては、欠点と呼ばれなくてもすむことさえある。

たとえば金が好きできりがないことを、「金の亡者」という。けれども金が好きなのは、人間の本性なのだ。その本性に従って満足のいくまで金を欲すること事態は、咎めだてすべきものでもない。ただ、法外な金を手に入れるために、場所をわきまえないのはいけない。金が欲しい気持ちに限度がなくなって、それを得ようとするあまり道理に外れると、それはもう金の亡者である。欠点きわまりないとみなされる。

そういうことだから、金が好きだという心の欲求を、すぐさま欠点と決めつけてはいけない。それがいったい美点なのか、欠点なのか、その境界を分けているのは、ある種の道理が働いているかどうかだ。美点としていいものは、いわゆる倹約とされるもの、あるいは経済感覚があると言われるものだ。こうしたことはまさしく人間なら身につけるべき美点のひとつである。

贅沢についてもまた同じことが言える。この場合は身のほどを超えるかどうかによって、美点か欠点かを判断すべきだろう。人は、軽くて暖かい服を着て、落ち着ける家で過ごすのが好きだ。これは人間の性というものである。天の道理に従って、この欲望を満たすのを、どうして欠点と言えるだろうか。金を貯めて上手に使い、消費して限度を超えないなら、見事な生き方だと褒めたいくらいだ。

また、悪口や批判も、区別するのがとても難しい。他人にありもしないことを言って悪く言うことを悪口という。一方、他人が考え違いをしている点を解き明かし、それについて正しいと思う意見を述べることを批判という。

しかしこの世の中に誤りのない真実がまだ見つかっていない以上、どの意見が正しくて、どの意見が間違っているかは決められない。正しいか正しくないかが決まらないうちは当面、世の中にある一般論が一応正しいものとすべきだろう。けれども、何が一般論なのかをはっきりさせることも、また難しいものだ。

いずれにしても、他人に悪口を言う者を見て、すぐに欠点がある人間だと思ってはいけない。それが本当に悪口なのか、それとも純粋に批判なのかを区別しようとするには、まず、世の中の正しい道理を得なければならない。

その他にも、驕りと勇敢、粗野と率直、頑固と着実、軽薄と鋭敏となどが挙げられる。こうしたことは相反するようだが、どれも皆状況や程度や誰に向かって行っているかによって、欠点にもなれば美点にもなるだけのことだ。

●誰の利益にもならない「ねたみ」

ただひとつだけ、そもそもどんな状況でも欠点としてしか作用しないものがある。状況や、その向かう対象にかかわりなく、欠点の中でも最悪なものがただひとつ、それがねたみである。

ねたみは陰湿に作用する。自分から進んで抱こうとするものではないけれど、他の人の様子と比べて不平を抱く。そして自分を振り返ることをせずに、他人に多くを求める。その不平を解消して満足する方法は、自分の得になるようにすることではなく、他人に害を及ぼすことなのだ。

例えば、他人の幸せと自分の不幸せを比べてみる。自分に足りないところがあるのなら、そんな状況を満足できるようにするために、前向きな方法をとればいいはずだ。だが、他人を不幸に陥れ、他人を自分と同じところまで引きずり下ろす。それでようやく同等だと満足するのである。「人を憎むあまり、いっそ死ねばいいのにと思う」とはこのことだ。

したがって、こういう連中の不平を満足させるということは、世間一般の人々の幸福を損なうだけで、誰の利益にもならないのである。

人を憎むこと

『論語』「顔淵」に、「これを愛してはその生を欲し、これを悪んではその死を欲す」とある。弟子の子張が徳を高めて惑いを断ち切るための方法を孔子に尋ねたところ、孔子は「人は愛する人には生きて欲しいと思い、嫌いな人は死ねばいいと思う。しかし、同じ人に対して生きて欲しいと思ったり死んで欲しいと思ったりもする。これこそが惑いなのだ」と答えた。

●嘘とねたみのどちらが悪質か

ある人はこう言う。「嘘をついたりだましたりするのも、そのもの自体が悪いことだ。これをねたみと比べたとき、悪質という点で、どちらがより重くて、どちらが軽いかなんて言えないだろう」。

それに対し、私はこう答えたい。「まったくそのとおりだ。けれども、物事の原因と結果とを区別すれば、重いか軽いかの差がないとは言えなくなる」。

嘘をついたりだましたりすることは、もちろん大変に悪いことだが、必ずしもねたみを生む原因にはならない。一方、嘘をついたりだましたりすることは、大部分がねたみによって生み出された結果である。ねたみとは、まるであらゆる悪を生み出す母のようなもので、人間が働く悪事は、皆このねたみから生じたものなのだ。

疑い、嫉妬、恐怖、卑怯といったものは、すべてねたみから生じる。ねたみが内にこもれば、ひそひそ話、密談、内々の相談、はかりごとといった形になる。いっぽう、ねたみが外に向けられた形が、徒党、暗殺、一揆、内乱などだ。少しも国に利益をもたらしはしない。災いが国中に波及してしまえば、自分も他人も

内乱

第十三編が刊行された一八七四年には佐賀の乱が起きており、不平士族の反乱の走りとなるなど、不穏な動きが続いていた。士族反乱は慶應義塾にも多大な影響を与えており、特に西南戦争後、経営難に陥る。

被害を免れることはできない。ねたみとは、公の利益を犠牲にして、個人的なうらみをはらすことなのである。

●ねたみを生み出す「窮」

ねたみが、人間社会でいかに害を及ぼすかは既に述べたとおりだ。では、ねたみとは、どのような原因で生まれてくるのだろう。そう考えていくと、「窮」という一文字につきあたる。ただしこの「窮」は、困窮したり貧窮したりするという意味ではない。それは、人が発言しようとするのをさえぎったり、行動の自由を妨げたりと、人間が生まれながらに持っている自由な働きを行き詰まらせるものである。

もしも貧窮や困窮がねたみの源だとするなら、世の中の貧しい人たちは皆不平を訴え、金持ちはあらゆるねたみの対象となるだろう。そうだとしたら人間社会は、一日すら成り立たないが、実際にはそのような事態にはなっていない。いかに貧しく地位が低い人でも、どうしてそうなのかの原因を見つめ、自分の身から出たものだということに気づけば、けっしてみだりに他人をねたんだりはしない。

その証拠をあれこれ挙げるには及ばないだろう。今日、世界中に貧富の差があり、社会的な地位の差もある中で人間社会が成り立っていることからも明らかだ。だからこう言いたい。金持ちや社会的な地位は、ねたみの対象ではなく、貧乏や社会的な地位の低さは、不平の原因ではないのだ。

●孔子の因果応報

このように考えると、ねたみは貧乏や社会的な地位の低さから生まれるものではない。ただ、人間本来の活動が妨げられ、よいことも悪いことも皆偶然に支配される世の中になると、これがはなはだしく流行する。

昔、孔子がため息交じりにこう言った。「女と小人は、近寄らせたくない。何とも困った連中だから」。今考えると、これはどうやら孔子が自分でまいた種のせいで手がつけられなくなり、愚痴を言ったことのように思われる。

人間の心の本性は、男と女で違っているわけではない。また、小人とは、身分の低い者という意味だろう。けれども、身分の低い者から生まれた者は必ず身分が低くなると決まっているわけではない。身分が高い者も低い者も、生まれたときの性質がまったく変わらないのは論ずるまでもない。それなのにどうして、女性と身分の低い者に限って取り扱いに困るというのだろう。

女子と小人
『論語』「陽貨」に「子曰く、唯女子と小人とは養ひ難しと為す。之を近づくれば則ち不遜、之を遠ざくれば則ち怨む。」とある。直訳すると「女子と小人物は扱いが難しい。近づければつけあがるし、遠ざければ恨む」となるが、「女子」は女性全般ではなく「教養のない女性」を指すとする説もある。

その理由は、孔子がふだんから人民に必要以上に卑屈になるよう教え、とりわけ立場が弱い女性や身分の低い人をああだこうだと束縛したことにある。彼の教えは本来人が備えている自由な働きを少しも解放させようとはしないものだったため、彼らはとうとう、ねたみを抱くようになった。それがあまりにも極端になりすぎたので、さすがの孔子様も音を上げてしまったのだ。もともと人というものは、自由を失えば自ずと誰かをねたむものなのだ。

これは明らかな因果応報であり、ちょうど麦を蒔いたら麦が生えてくるようなものだ。聖人と呼ばれた孔子様ともあろう人物が、そのわけを気づかず、なすすべもなく愚痴をこぼすとは、どうしたことか。

そもそも孔子の時代は、明治時代からさかのぼること二千年以上も昔だ。野蛮で未開の世の中だったろうから、教えの内容もその時代の風習や気質に沿う必要はあったろう。その当時の人々の心をおだやかに保っていくために、よくないとはわかっていながらわざと束縛した。それ以外に道がなかったのだ。もし、孔子が真の聖人であれば、はるか後の世までも洞察することができたことだろう。そうすれば、当時の教え方がよかったと心から思うことはないはずだ。

だから、後世の人が孔子を学ぶ際には、時代背景の違いを考慮に入れて、その教えを取捨選択する必要がある。二千年前の教えをそのまま現代の明治の世の中に当てはめようとする者は、物事のその時々の価値がわからない人である。

●御殿女中のねたみ

もうひとつ、ねたみが人間社会に害を及ぼした例の最たるものを挙げよう。それは我が国の封建時代にたくさんいた、大名の御殿女中である。そもそも「御殿」とは、そこは学問も教養もない婦女子が集まって、知恵も徳もない主人に仕えるところだ。

勤めに精を出しているからといって褒められることもなく、怠けているからと罰を受けるわけでもない。主人に忠告して逆に叱られたり、忠告しなかったと叱られることもある。言っても言わなくてもかまわない。嘘をつくのも悪いし、嘘をつかないのも悪い。そんなことより大切なのは、ただ毎日、そつなく振る舞って、主人の寵愛に恵まれることだけなのだ。その様子は、まるで的もないのに矢を射るようなもの。当たったからといって上手いわけでもなく、当たらなかったからといって下手でもない。まさに人間社会の外にある別世界だと言ってもよいだろう。こんな世界にいると、喜怒哀楽の感情も当然のように変化を起こし、外

御殿女中
奥女中とも言う。江戸時代に藩邸の奥や、江戸城の大奥に仕えた女性たちのこと。

の世界とだんだんずれていく。

偶然、仲間内から出世する者が出てきたとしても、どうしてその人が出世できたかを学び取ることができず、ただうらやみ、うらやむあまりねたむしかできない。仲間をねたみ、主人に恨みを抱くばかりでは、どうして仕えている大名家のことを思うことができるだろうか。

忠義も表向きのあいさつのようなもので、実際は畳に油をこぼしても、人が見ていなければ拭き取りもせず放っておくようになる。ひどい場合には、主人が一命にかかわる病気にかかっても、看病すら満足にできない者も多い。いつもの仲間同士のにらみあいのせいで、それどころではないのだ。さらに悪化して、ねたみやうらみが極限に達すると、まれに毒殺のようなことも起こる。もしもこのひどい悪事を昔にさかのぼって数え、「スタティスティック」、つまり統計の表にまとめ、御殿で起きた毒殺の件数と、世間で起きた毒殺の件数を比較すれば、御殿ではこうした悪事が盛んに行われていることがはっきり示されるだろう。ねたみによる災いには、恐怖を抱かずにはいられない。

このような御殿女中の一例を見れば、世の中のたいていの様子は想像がつく。人間にとって最大の災いはねたみにあり、それが生まれる原因は「窮」だ。だから言論を封じ込めてはならないし、自由な活動を妨げてはいけないのだ。

「ためしにイギリスやアメリカなどと日本の様子を比べたら、どちらの人間社会が先ほどの御殿のような状態から脱しているか」。そんな質問をする人があったら、私ならこう答える。「今の日本を見れば、まったく御殿といっしょだとは言わない。けれどもどのくらい脱しているかというと、日本はまだ御殿をようやく抜けた程度だが、イギリスやアメリカなどは、はるか遠くまで離れていると言わざるを得ない」と。

もっとも、イギリスやアメリカの国民にも倹約家もいれば浪費家もいる。粗野で乱暴な者もいれば、嘘をついたり騙したりする者もいる。彼らの風習も、けっして善良で美しいものばかりではない。けれども、陰湿なねたみに関してだけは、我が国とは様子が大きく違っているようだ。

●国民のねたみを取り去るには？

今、世間の識者の中に、国会を開設しようと主張している者がいる。また、出版の自由化を求める者もいる。その利得と損失についてはしばらく置いておき、そもそもなぜこうした主張が起こったのか、理由を考えてみよう。識者たちの意見はきっとこういう話に違いない。

「今の日本を昔の御殿のようにならないように、また今の国民を昔の御殿女中のようにならないようにしよう。そのためには、ねたみを抱くことの代わりになるような活動へと導き、嫉妬の気持ちを捨て、お互いに競い合う気持ちを起こさせなければならない。よいことも災いも、褒めたりけなされたりすることも、すべては自力で手に入れるものと心得させるのだ。そして世の中の人すべてに、自らの行動の結果として今があるのだという意識を持たせよう」。

自由な言論や、自由な活動を邪魔する張本人は、ほとんどの場合、政府だ。だからこの話を聞く限りでは、政府だけに向けた主張だと思われるかもしれない。しかし、この病は必ずしも政府だけに流行しているものではなく、民間にも毒を大量にたれ流しているのだ。政治だけを改革しても、その根源を絶つことにはならない。この編の締めくくりに、政府以外のことについて補足してみたい。

もともと、人の本性は付き合いを好むものだ。だが、習慣によっては、かえってこれを嫌うようになる。世の中には、変人や奇人と呼ばれるような、わざわざ山奥の僻地に住んで世間との付き合いを避ける人たちがいる。こういう人を隠遁者という。根っからの隠遁者ではなくとも、世間の付き合いが好きになれず、家

出版条件
一八六九年に出版条例が公布され、出版に際しては官許が必要となった(当初は昌平、開成の両学校に届け出ていた)。このため、取締法規としての正確が強い条例ではあったが、一方で出版に関わる権利の整備も条例改訂の度に進んでいったことも確かである。

の中に閉じこもっている人もいる。「俗世間のわずらわしさを避けている」などと、得意顔をしている者もまれにいる。

この手の連中が何を考えているのか察してみると、必ずしも政府のやり方が気に入らないという理由で引きこもっているのではない。心や意志が弱いので何かに接する勇気がなく、度量が狭くて小さいから人を受け入れることができないのだ。

彼らが人を受け入れることができないので、こちらも彼らを受け入れることができない。相手も一歩遠ざかり、こちらも一歩遠ざかる。そうしてだんだん遠ざかっていき、ついにはまったく関わりのない者同士となる。そして最後は宿敵のようになって、お互いにねたみを抱くようになることすらある。これは世の中にとって大きな災いである。

●自由に発言させ、自由に活動させよ

また、人と人とが付き合っていく中で、相手の人となりを見ずに行った業績だけを見る場合がある。もしくは、その人が言ったことを遠くから伝え聞く場合がある。それが少しでも自分の考えに合わないと、お互いをいたわり合う気持ちは

生まれず、むしろ忌み嫌う気持ちが湧き、相手を憎みすぎてしまうことも多い。

これもまた、人の本性と習慣を考えれば当然だ。物事を相談する際、手紙のやりとりで折り合いがつかない問題も、直接会って話せば丸く収まることもある。また、「本当はこういうわけだけれども、面と向かってはなかなか言い出しにくい」といったことをよく耳にする。これはとりもなおさず人間の自然な感情であり、相手を思ってぐっとこらえる心が働くからだ。いったん、こうした寛容な心が生まれたら、気持ちがお互いに通じあってねたんだりうらんだりする気持ちはたちまち消えてしまう。

昔から暗殺の例は少なくないけれども、それについて私は常々、こう言っている。「もしも、殺す者と殺される者とが数日間、同じ場所で過ごし、お互いに隠し事をせず、本当の気持ちを告白できるような機会があれば、どのような敵同士でも、必ず仲良くなる。それどころか無二の親友になることもあるだろう」。

以上のように考えるなら、自由な発言や活動を妨げるのは政府に限ったことではない。それは日本全国の人民に広まるものだということになる。学者ですら、これを逃れるのは難しい。

人生を活発に生きていくための気力は、何かに接しない限りは生まれてこない。だからこそ、自由に発言させ、自由に活動させ、財産も社会的地位も、すべて本人の力で自由に手に入れることができるようにすべきだ。外からそれを妨げてはならないのである。

（明治七年十二月出版）

第十四編　事業を成功させる秘訣

・精一杯努力しているつもりでも、成果が伴っていないことがある。成果を出すためには、計画をしっかり立てて、定期的に棚卸しすることが大切だ。
・経済の理屈と個人の道徳は矛盾することがあるが、人としての善意を失ってはいけない。

心の棚卸しの大切さ

●一生懸命やっていたつもりが…

人が世渡りしていく様子を見ていると、気づくことがある。人は自分で思っているよりも案外、よくない振る舞いをしている。また、人は思っているよりも愚かなことをしている。そして、こうしようと心に誓っても、思っていたほどには成功しないものである。

どれほどの悪人でも、一生涯、悪事だけを一生懸命やっていこうなどと思う者はいないだろう。けれども、いろんな物事に向き合っていく中で、ふと悪意が生まれることがある。そして、自分でも悪いことだとわかっていながら、いろいろと身勝手な理由を付けて強引に自己弁護し、悪事を働いたりする。

また、物事に取り組む際、自分自身では悪い事だと思っていない場合もある。少しも心にやましいところがないだけでなく、ただ一心に良いことと信じきっているのだ。他人が意見を言うと、かえって怒ったり、うらんだりする。しかし、年月が経ってから思い返してみれば、大いに自分の不行き届きだったと気づき、心に恥じ入ることがある。

●事業計画は難しい

また、人の性質には、賢いか愚かか、強いか弱いかといった違いがある。それでもまさか、自分が動物以下の知性しかないと思う者はいないだろう。

私たちは、世の中にあるさまざまな仕事の中から、これなら自分にもやれそうだと思えるものを見分ける。そして自分なりにその仕事を引き受けてみるけれども、実際に取り組んでみると、思ったよりも失敗が多く、だんだん当初の目標を見失い、世間の笑いものになって、自分でも後悔したりすることが多い。

世の中で起業をして失敗する人をはたから見ていると、腹を抱えて笑いたくなるような愚かなことをしているように思えたりもするが、それを画策した人はそれほど愚かというほどでもない。本人に実情を聞いてみると、なるほどもっともだと言えるいきさつがあるものだ。

結局、世の中の事情は生き物のように変化しているものだ。こうした変化をすんなり予見することなどできない。そのため賢いと言われる人ですら、案外に愚かなことをしでかしてしまうのだ。

また、人間が計画を立てる際は、往々にして規模が膨らみがちだ。事業の難易度、大小、所要期間を見積もるのはとても難しい。ベンジャミン・フランクリンという人も、こんなふうに言っている。「これで十分だと思っていても、いざ事に当たってみると、必ず足りないと感じるものだ」。この言葉はまさしくそのとおりだ。

大工に仕事を依頼したり、仕立屋に衣服を注文したりすると、十中八九は期限を過ぎてしまう。だが、これは大工や仕立屋といった人たちがわざと遅らせてい

ベンジャミン・フランクリン
46頁参照。

るのではない。最初に仕事の内容と所要日数とを細かく付き合わせなかったため、思いがけず約束をたがえる羽目になっただけの話なのだ。

こんなとき、世間では大工や仕立屋が約束を破ったと責めることがよくある。責めるのももっともだと言える。大工や仕立屋はいつもあやまってばかりいて、注文した旦那は道理に則った人物のように見えてくる。けれどもその旦那は、自分が請け負った仕事をはたして期限どおりに完成させたことがあるのだろうか。

●志は高いが…

田舎の学生が国を出るとき、苦難を耐えて三年のうちに学業を成し遂げようと自分に課したとして、その約束を守れるだろうか。あるいは無理して金を工面し、欲しくてたまらなかった原書を手に入れ、三カ月で読破すると自分に課したとしよう。果たしてこの人は、この自分との約束を果たすことができただろうか。

あるいはまた、志の高い立派そうな人物がいたとする。「私が政府に入れば、この実務はこのように処理する。あの改革はこんなふうに進める。そして半年のうちに、政府を一新して見せよう」。彼はそう公言し、再三にわたって意見書を政府に提出し、そして念願かなって政府に仕えることになったとしよう。彼は考えていたとおりにできただろうか。

あるいはまた、貧乏学生がこう言い放ったとしよう。「おれに大金があったら、明日にでも全国津々浦々に学校を建てよう。学のない者が一人もいない世の中にしてみせる」。では、この学生がもしも今日、良縁に恵まれて三井や鴻池といった財閥の養子になれたとしたらどうだろう。果たして言っていたようにできるだろうか。

こうしたとりとめもない夢は、挙げればきりがない。どれも皆難易度と、それに対してかかる日時を精査していない。だいたい、所要時間を甘く見積もったり、事業というものを安易にとらえ過ぎているのだ。

世間では、何かを成そうと計画している人々に聞いてみると、「一生のうち」または「十年以内には成し遂げよう」という者がいちばん多い。次に「三年以内で」や「一年以内で」と言う者が多いが、だいぶ人数は減ってくる。そして、「一カ月以内で」や「今日中にこの計画を立てて、今、まさに実行する」という者はほとんどいなくなる。さらに、「十年前に立てた計画を、ようやく今やり遂げたぞ」と言うような人に、私はまだ会ったためしがない。

学のない者が一人もいない…　原文は「家に不学の輩なからしめん」であり、学制頒布の趣意書「家に不学の人なからしめんことを期す」がもと。

三井　江戸時代に三井高利が日本橋で開業した呉服屋をもとに発展した財閥。

鴻池　初代鴻池善右衛門が江戸時代の大坂（明治になり大阪と表記されるようになる）で両替商を開業したことに由来する財閥。

●失敗しない方法

このように、遠い未来に実現させたい夢を語るときは、たいそうなことを計画しているように語る。けれども、その期限がだんだん近づき、今日明日と迫ってくるにつれ、その計画がどうなったのか述べることができなくなる。これは、計画を立てるときに、どのくらいの日数がかかるのかを計算に入れていないからだ。

ここまで述べてきたように、人生とは思いの他に悪事をしでかしたり、思いの他に愚かな振る舞いをする。そして思ったほどには、事業を成し遂げることができないものだ。

このような不都合を防ぐ方法はさまざまだが、人があまり気づかない方法がひとつある。それは何だろうか。それは、事業が成功しているか、していないか、利益を出しているか、損しているかといったことについて、ときどき自分の頭の中で足し算や引き算をしてみることだ。商売でいえば、決算日の棚卸しのようなものだ。

だいたい商売を行う際、最初から損をしようと思って始める者などいない。まず、自分の才覚や資本金を把握し、それから世間の景気を読み取りつつ事業を始めるだろう。めまぐるしく変わる世の中の状況によって、ある人は当たり、ある人は外す。この仕入れでは損をし、あの商品の売りさばきでは利益を得る。一年、または一カ月の終わりに決算をしてみると、見込みどおりに商売ができたときもあれば、大きく当てが外れたときもある。

また、売れ行きがとてもよいので、きっと利益が出ると思っていた商品が、棚卸しをして上がってきた決算書を見ると、期待に反して損失を出していたりする。あるいは、仕入れの際は品物が足りないと思っても、棚卸しのときに在庫が残っていたりする。思い返してみれば、売るのに案外時間がかかってしまっており、かえって仕入れの数が多すぎたのだと気づくこともある。

だから、商売でもっとも大事な点は、毎日の帳簿付けを正しく行い、棚卸しを定期的にきちんと行うという一言につきる。

●人生の棚卸しも定期的に！

これは人生全般のことにも、そっくり当てはまる。人がどのように生きていくかを商売に見立てるなら、それは十歳前後の物心がつく頃から始まっている。だ

帳簿 一八七四年、福澤は『帳合之法』を翻訳し、日本に西洋簿記を紹介している。

から、日頃から知恵や道徳を身につけて、自己をしっかりと管理し、帳簿でいうところの負債を背負わないよう心がけていかなくてはならない。

「これまでの十年間、何を損し、何を得たのか。今現在は何の商売をして、その繁盛ぶりはどうか。今は何を仕入れて、いつ、どこで売るつもりか。心の店の取り締まりは行き届いているか。遊び癖や怠け癖といった使用人たちのせいで損失を出してはいないか。来年も同じ商売をして、確かな見込みがあるのか。もっと他に知恵や道徳を高める余地はないか」。こんなふうにあれこれ帳簿を点検して、決算日の棚卸しをしていくと、過去、現在の自分の振る舞いについて、馬鹿なことも結構したものだとわかるだろう。どういうことか、例を一つ二つ挙げてみよう。

「貧しいのは武士の常、忠義を尽くして国に報いるのだ」。昔、侍はこんなことを言って百姓が作った米を食いつぶし、得意になっていたが、今では事業がうまくいかずに困っている。その姿は、海外製の小銃があることを知らず刀剣を仕入れて、ほんのつかのまの利益を得ただけで、売れ残りの山を築いて後悔するようなものだ。

あるいは、和漢の古い書物ばかりを研究して、日進月歩の西洋の学問には目を

士族の商法
明治時代になり、特権を失った士族の中には生活のために商業を始める者も多かったが、古道具屋などの需要が少ない商売を始めたり、横柄な接客をして嫌がられたりして、うまくいかないことが多く、「士族の商法」と揶揄された。

向けない、また、古い考え方を信じてまったく疑わない人は、過ぎ去った夏の暑さを忘れられず、冬の初めに蚊帳を買い込むようなものだ。

青年の学生がまだ学業も中途半端なうちから小役人になり、一生その地位でうろうろするだけで終わるのは、まるで、まだ仕立てている最中の服を、質に入れて流してしまうようなものだ。

地理や歴史の初歩も知らず、ふだんの手紙さえろくに書けない者がむやみに高尚な本を読もうとして、本を開いてはじめの五、六頁で投げ出し、また次の本に移るのは、元手もなしに商売を始めて、毎日のように商売替えをするようなものだ。

あるいは、和漢洋の本を読んでいるくせに、日本や世界の情勢を知らず、自分や一家の生計を立てるのにも苦労している者は、そろばんを持たずに雑貨屋を営んでいるのと同じだ。

天下を治める方法を知っていながら、身を修めることができない者は、まるで隣の家の帳簿に口出しをしながら、自分の家に盗賊が押し入っているのに気づかないようなものである。

口を開けば、今、何が流行っていると言うくせに、心では少しも理解できてお

家計簿
家庭向けの帳簿が広まるのは二十世紀初頭になってからで、羽仁もと子が広めたとされている。

らず、自分とはいったい何なのかまったく考えたことがない人は、商品の名前は知っているけれど、値段は知らないのと変わらない。

●自分の有様を振り返ろう

このようなつじつまのあわないことは、実際、今の世の中では珍しくない。その原因は、ただ流れに身を任せてこの世を渡ってきて、自分の有様を振り返ってみたことがないからだ。「生まれてから今まで、自分はいったい何をしてきた。今は、何をしているのか。これから何をしようとしているのか」。こうした問いを自ら発して、自分自身を点検してこなかったという失策なのだ。

だから言っておこう。商売の状況を明らかにして、これからの見通しを立てるものは帳簿の決算であり、自分自身の状況を明らかにして、これからの行き方を定めるものは、知性や道徳を身につけるという事業の棚卸しなのだ。

「世話」という言葉の意味

●「保護」と「指図」

世話という言葉には、二つの意味がある。ひとつは「保護する」という意味であり、もうひとつは「命令する」という意味である。

保護とは、その人のそばにいて見守ることだ。また、金や物を与えたり、その人のために時間を費やしたりしてその人の利益や名誉を保てるよう世話をすることだ。

命令とは、その人によかれと考えて、その人の利益になると思うことを指図することだ。そして不利益になると思うことには意見を述べ、心を尽くして忠告を与える。これもまた「世話」が意味していることだ。

このように、「世話」という言葉には、保護と指図という二つの意味がある。その点を理解した上で人の世話をする場合は、本当によい世話となり、世の中は丸く収まることだろう。

たとえば、父母が子どもに世話をするような場合だ。衣食を与えて保護の側面での世話をしてやれば、子どもは親の言うことをしっかりと聞いて、指図の側面での世話も受ける。親子の間に不都合なことは何もない。

また、政府では法律を整備して、国民の生命、名誉、財産を大切に取り扱い、身の安全を図ることで保護という世話をする。国民は、政府の命令に従って指図という世話を受ける。そして、それを裏切るようなことをしなければ、社会と個人の間も丸く収まる。

したがって、保護と指図はどちらも、究極のところ一体なのだ。また、その行為の範囲はぴったり重なるはずである。

●「世話」の取り違い

保護がなされるところは、指図がなされるところでなくてはならない。指図がなされるところは、必ず保護もなされるところであるべきだ。もしもそうならず、この二つの行為が及ぶ範囲を少しでも間違うと、たちまち不都合なことが起き、災いの原因となる。

世間にはそのような例が少なくない。それはおそらく、人々がこの「世話」という言葉の意味について、常々、思い違いをしているからではないだろうか。あるいは、指図のことを保護と思い込んでいたり、保護を指図という意味に取り違えていたりする。片方の面ばかりに偏って、この言葉の全体の意味まで心が行き届かないから、大きな過ちをおかすことになるのだ。

たとえば、父母の指図を聞かない道楽息子に、むやみに小遣いを与え、その遊びや道楽を助長させることだ。この場合、保護という世話は行き届いているかもしれないが、指図という世話は行われていないことになる。

一方、こんな例もある。子どもは身を慎んで勉強し、父母の命令にちゃんと従っている。けれども父母はこの子に十分な衣食を与えず、学問を続けさせる気もない。この場合は指図という世話だけを行い、保護という世話を怠っている。

先ほどの子どもは親不孝、こちらの親は無慈悲となる。どちらも人間の悪事と言えるだろう。

●大きなお世話

昔の人の教えに「朋友にうるさく忠告すると疎んじられる」というのがある。この意味は、以下のようなものだ。

「忠告を聞き入れてくれない友人に、余計な親切心を起こす。相手の性格も知

朋友にうるさく忠告する　『論語』「里仁」の中に、「子游曰く、君に事うるに屡すればここに辱められ、朋友に屡すればここに疏ぜらる」とある。

らないで、厚かましく意見をすればどうなるか。結局、愛想を尽かされてその友人に嫌われたり恨まれたり、馬鹿にされたりするのが関の山。なんの得にもならないので、適当なところで引き下がり、こちらからは近づかないほうがよい」。これもつまりは、指図という世話が行き届かないところには、保護という世話を焼いてはいけないという戒めだ。

また、次のような時代錯誤な話もある。田舎の老人が古い本家の家系図を持ち出し、本家筋の言うことを聞けと分家に口出しをするというものだ。あるいは、金もないくせに、叔父様気取りの親戚が実家の姪を呼びつけて家事を指図したり、援助しないことを薄情だと言ってとがめだてする。ひどいものになると、聞いたこともない祖父の遺言を引き出して、姪の家の財産を奪い取ろうとする。こうした例では、指図という世話ばかりが過剰で、保護という世話は見る影もない。世に言う「大きなお世話」である。

また、世間では、「貧民救済」という施策がある。だが、受給者の人間的な善し悪しを問うこともなく、また、困窮している理由も聞かず、ただ貧乏な様子を見て米や金を与える場合がある。身よりがなく、頼る相手もいない者に対しては、援助するのももっともだけれども、五升の援助米をもらったら三升を酒に代えて

救貧法
イングランドで一五三一年、ヘンリー八世（Henry VIII, 一四九一～一五四七）が浮浪貧民対策として始めたとされている。有名なのはエリザベス一世（Elizabeth I, 一五三三～一六〇三）による救貧法で、以後イングランドは社会福祉の先進国として歩んでいく。

飲んでしまう者も中にはいる。禁酒の指図もできないのに米を与えるのは、指図が行き届いておらず、保護が手厚すぎると言える。これもまた、「御苦労なこった」だろう。イギリスなどでも、救貧法を適用する際、悩ましいのはこの点についてだという。

この理屈をさらに広げて、一国の政治について論じてみよう。人民は税金を払って政府の支出を支えて、その財政を保護している。ところが専制政治が行われ、人民の建言を少しも受け入れない。そうした建言を発表する場もないとしよう。こうなると、人民から政府への保護はなされているものの、人民からの指図という道はふさがれていることになる。人民にとっては、「御苦労なこった」というところだ。

●経済の理屈だけで考えすぎないように!

こうした例を挙げていけば、きりがない。この「世話」という言葉の意味は経済を語る際、もっとも大切な点だ。だから、人間が世間を渡っていく上で、職業の違いや事態の重要性にかかわりなく、いつも注意を払っておかなくてはならない。

このような話をすると、何でも計算づくで、薄情な印象を持たれるかもしれない。けれども、薄くすべきところを無理に厚くしようとしたり、実際は薄いのにもかかわらず名目だけ厚く見せようとすべきではない。そうした行為は、かえって本当の人情を傷つけ、人間社会を苦々しいものにする。「名を取ろうとして、実を失う」ということになってしまうだろう。

以上のように話をしてきたけれども、誤解を避けるために、いくつか付け加えておきたい。

道徳的な教えの中には、経済の原則と両立しないように思えるものもある。おそらく個人的な徳というものは、すべてが経済と関連しているわけではないのだろう。見ず知らずの物乞いに金を与えたり、貧乏で哀れな人を見れば、その人がなぜそのようになったかも聞かないで、多少の施しをすることもあるだろう。

この場合、金や物を与える行為は、保護という世話にあたる。しかし、この保護は指図と一体となって行われるものではない。杓子定規に、経済の公共的な観点からこの行為を論ずると、つじつまが合わなくなってくる。けれども、個人の徳という面では、恵み与える気持ちは人としてもっとも尊ぶべきものであって、もっとも好ましい性質のひとつである。

道徳と経済

江戸時代に二宮尊徳が経済と道徳の融合を唱えて報徳思想を提唱したり、大正時代には渋沢栄一が『論語と算盤』で「道徳経済合一」を提唱したりするなど、道徳と経済の調和は度々議論されるテーマである。特に、第五編でも取り上げているアダム・スミスが『道徳感情論』という書籍を著しており、古典派経済学においても重要な問題として取り上げられていたことに留意する必要がある。

たとえば、物乞いを禁止するという法律を作ったとする。それ自体はもちろん公明で私心をさしはさむ余地はない。けれども、人々が物乞いに物を与えようとする心情までは、とがめなくてもよい。人間、万事を計算づくで決めていくものではない。ただ、それを用いるべきところと、用いてはいけないところとを区別することが大事なのだ。世の中の学者は、経済の理論ばかりに熱中するあまり、恵みや情けという人間としての徳があることを忘れないように。

（明治八年三月出版）

第十五編　西洋を妄信してよいか

・何事も「疑う」ことから始まる。しかし、軽々しく疑うのも問題である。
・西洋の文化にも悪い点はたくさんある。悪い点は真似をせず、是々非々で判断すべきだ。

真偽を疑い、判断する

●偽りの多い世の中

世の中では、信じていることに偽りがたくさんあり、疑っていることに真理があふれている。試しに見てみよう。世間の愚かな人たちは、人の言葉を信じ、本に書いてあることを信じ、俗説を信じ、噂話を信じ、神仏を信じ、占いを信じる。父母が大病したといっては按摩の言うことを鵜呑みにし、草の根や木の皮を薬として用いる。娘の縁談があっても、家相を真に受けて良縁を断る。熱病なのに医者を呼ばず念仏を唱えるのは、阿弥陀如来を信じているからだ。二十一日間の断食をして命を落としたりするのは、不動明王を信じているからである。

人民の間で広まっているもののうち、どれくらいが真理と言えるだろうか。そう聞かれたら、とても多いとは答えられない。真理が少なければ、偽りは多くならざるを得ない。人民は何かを信じているといっても、実際のところ偽りを信じているのではなかろうか。だから、冒頭で「信じていることに偽りがたくさんある」と言ったのだ。

●すべては「疑う」ことから生まれる

文明は、形ある物であっても、形のない人間活動であっても、それがどのように働いているのかを探求し、真実を発見することによって進歩する。

西洋の国々の文明が、今日のように発展した原動力も、すべて「疑う」という、この一点から生まれたものだ。

ガリレオは天動説を疑って、地動説を唱えた。ガルヴァーニはカエルの足がぴくぴく動く様を疑って、動物のからだに電気が流れていることを発見した。

断食の日数
原文では「三七日」とあるが、三×七＝二十一日、ということである。

ガリレオ・ガリレイ
Galileo Galilei。一五六四〜一六四二。イタリアの天文学者。コペルニクスが唱えた地動説を発展させた。

ルイージ・ガルヴァーニ
Luigi Galvani。一七三七〜一七九八。イタリアの医師・物理学者。電気と筋収縮に関係があることを明らかにした。

ニュートンはリンゴが落ちるのを見て、重力の発見につながる疑問を抱いた。ワットはやかんから出る湯気を見て、蒸気の働きに疑いを持った。どれも皆、「疑い」という道を通って真理の奥に到達したのだ。

自然科学だけでなく、人間活動における進歩にしても、また同じだ。奴隷制度が本当に正しいことなのかを疑い、後世まで続いたかもしれない悲惨な害悪を断ち切ったのは、トマス・クラークソンだ。ローマカトリックの堕落と迷信を疑って、その教えを立派なものへと改革したのは、マルティン・ルターである。フランスの国民は、貴族の横暴に疑いを抱いて革命のきっかけをつかんだ。アメリカの州民は、イギリスの法律を疑うことで独立を成功させた。

今の時代も、西洋の名だたる学者たちは毎日のように新しい説を唱え、そして人々をさらなる文明の世界へ導き続けている。どうしてこのようなことができるのだろうか。その理由は明快で、以下の一点につきる。彼らは、昔の人々が絶対的に正しいと決めつけていた説に反論し、世の中で普通に思われている習慣に疑いを差し挟んでいるからだ。

今の世の中では、男性は外で働き、女性は家事を行う。この役割分担は、ほぼ自然であるかのように認識されている。しかし、スチュアート・ミルは、『婦人

アイザック・ニュートン
Issac Newton, 一六四二～一七二七。イングランドの物理学者。万有引力の法則を発見。

ジェームズ・ワット
109頁参照。

トマス・クラークソン
Thomas Clarkson, 一七六〇～一八四六。イギリスで奴隷制廃止運動に尽力した。

マルティン・ルター
Martin Luther, 一四八三～一五四六。ドイツの神学者であり、宗教改革の中心人物であった。彼の活動により、ローマ・カトリック（旧教）に対するプロテスタント（新教）が誕生することになる。

フランス革命
各身分毎の代表による議会である三部会の議決方法をめぐって特権階級と

論』を書いて、この大昔から動かすことができないような習慣を破ろうとした。イギリスの経済学者には、自由貿易を支持する人が多い。それを信奉している人は、まるで自由貿易を世界の常識のように語るが、アメリカの学者の中には、保護貿易を唱えて国内経済成長を主張する一派がいる。ひとつの説が出ると、また別の説が出てきて反論する。さまざまな説どうしの活発な論争はどんどん続いてゆく。

では、アジアの国々の人民はどうだろうか。彼らは迷信を信じ、まじないや神仏におぼれている。あるいは、聖人賢者と言われる人たちの言葉を聞くと、つかの間「なるほど」と思うだけではなく、はるか後の世になってもまだその言葉を守り、そこから一歩も踏みだすことができないでいる。西洋と比べてみると、品行の優劣や、意志の強弱など、もはや同じ地平で語れるような話ではない。

異論を世に問うて議論し、物事の真理を探究することは、あえて逆風に向かって船を進めるようなものだ。右に左にと波風に翻弄され、延々数百キロを航海したとしても、直線距離にすればたったの数キロに過ぎないこともある。航海ではしばしば、追い風に助けられるけれども、人間社会ではそれも期待できない。人間社会が進歩して真理にたどりつくには、このように異論を世に問い、議論

対立した第三身分（平民）がヴェルサイユ宮殿内の球戯場で徹底抗戦を宣言（テニスコートの誓い）、憲法制定国民議会を結成。その数日後の一七八九年七月十四日、民衆が蜂起してバスティーユ牢獄を襲撃したのが開始とされている。

法律への疑い
茶税を含むタウンゼント諸法などの諸々の課税法により住民の怒りは頂点に達し、ボストン茶会事件をきっかけにアメリカ独立戦争へと突入していった。

ジョン・スチュアート・ミル
John Stuart Mill、一八〇六～一八七三。イギリスの哲学者。自由主義者として知られる。

することで前に進んでいくしか方法はないのである。そして、こういった異論・新説は、「疑う」というその一点から生まれてくるものなのだ。先程「疑わしいものの中に真理があふれている」と言ったのは、まさにこんな理由からである。

●なぜ日本は今までの習慣を改めることができたのか

とはいえ、物事を軽々しく信じていけないのならば、また物事を軽々しく疑うのもいけない。何を信じ、何を疑えばよいのか。それを判断する際には、必ず適切な取捨選択をしなければならない。何のために学問するかといえば、まさしくこの判断力を身につけるためにあるのではないだろうか。

この日本でも、開国以来、にわかに人々の心に変化が芽生えた。政府を改革し、貴族を倒し、学校を作り、新聞社を開いた。そして、鉄道、電信、兵役、工業など、あらゆる物事をいっぺんに旧来から改めることができたのはなぜだろう。それは、どれも数千年、数百年も前からの習慣を疑い始め、これらを変革しようと試みて、それがうまくいったからだ。

とはいっても、我が国の国民の精神のあり方からすると、数千年も続いた習慣に疑いを向けることができたのはなぜかと尋ねずにはいられない。その理由と

『婦人論』
一八六九年に刊行された *The Subjection of Women* のこと。邦訳は『女性の解放』（岩波文庫など）。

自由貿易
アダム・スミスに始まる古典派経済学の経済学者は、自由貿易を双方に利益をもたらすものとして支持した。

保護貿易
輸入品に高い関税をかけて国内の産業を保護する方針。アメリカの経済力は当時まだ弱く、産業が成熟するまで保護貿易を主張する学者も多かった。

は、日本がはじめて国を開いて西洋の国々と交わったからだ。西欧の文明を目の当たりにしてすばらしいと感じ、見習いたいと思った。だからこそ、しがみついてきた因習に疑いの目を向けることができたのだ。したがって、あたかもこの変革を、自発的に疑いを芽生えさせて勝ち取ったのだと、早とちりしてはいけない。

それが証拠に相変わらず人民は、以前古い習慣を信じていたように、今は新しい別のものを信じて疑わない。つまり、昔は東洋を信じ、今はその対象が変わって西洋に向けられただけなのだ。信じるか、疑うか、その取捨選択をどうしているかという点では、とても適切な判断ができているとは言えない。

私は学問も浅く見聞も広くないので、この取捨選択をどうするかということについて、一つひとつの判断が正しいかどうかの基準を挙げていくことはできない。これは私も大変申し訳なく思っている。ただ、世の中のおおまかな動きを観察すると、世間の人はこの勢いに乗せられただけだということならわかる。信じる者は信じすぎ、疑う者は疑いすぎる。両方の調和を欠いた者がいることは明らかだ。それがどういうことなのか、次に述べてみたい。

東洋と西洋の人民は、風俗も心情も異なる。それぞれの習慣も、数千年にわたって各国で営まれてきたものだ。だから、たとえ利益や損失がはっきりわかるものでも、いきなり外国の習慣と取り替えるようなことをしてはいけない。ましてや、その利益や損失がどんなものかわかっていないなら、なおさらだ。

ひとつのものを採用しようとするときは、じっくりと時間をかけて、次第にその性質を明らかにしてから取捨選択を判断すべきである。それなのに、近頃の世の中の様子を見るとそうではない。中程度以上の改革者や西洋かぶれの先生がたは、口を開けば西洋文明のすばらしさを唱える。一人がそう言い出せば、皆がそうだそうだと賛同する。知識や道徳の教えから国の治め方、経済、衣食住のこまごましたことまで、あらゆる面で西洋風にあこがれ、西洋のまねをしようという者ばかりだ。

●悪いところまで真似てはならない

そうかと思えば、西洋の事情についてまったくわかっていないにもかかわらず、ひたすら古いものを捨て去り、ただ新しいものを求めているような者もいる。なんと、物事を軽々しく信じ、軽率に疑うことだろうか。

確かに西洋の文明は、我が国の数段上をいくものだろう。けれどもけっして完璧な文明というわけではない。その欠点を挙げていけば、きりがないほどだ。西洋の風俗を、全部が全部すばらしいものとして信じてはならない。また、私たちの習慣を、何から何まで劣っているのではと疑ってはならないのである。

たとえばここに一人の少年がいるとしよう。ある学者の先生から学んでいて、すっかりこの先生に心酔してしまった。少年は先生のようになりたいと、突然、志を改める。本を買い、勉強道具をそろえ、日夜机に向かって勉強した。もちろんこのことは咎めるべきことではなく、感心なことである。

しかし、この少年は先生のまねをするあまり、先生が夜遅くまで話し込んで夜更かしし、朝寝坊するという悪い癖まで学んでしまいとうとう健康を害してしまった。そんな少年を賢いと言えはしない。この少年は、先生を完璧な学者だと思い込み、先生のやることなすこと、そのよい面と悪い面を区別もしないまま、すべてをまねようとし、不幸に陥ったわけである。

中国のことわざに「西施のひそみにならう」という一句がある。美人のひそみ、つまり、美人が眉をひそめて顔をしかめる表情には、独特の味わいがあるという意味だ。だからそれをまねようと思うのは、わからないでもない。

しかし、学者が朝、寝過ごすのに、どんな味わいがあるというのか。寝坊は、単に寝坊であって、怠惰で不健康な悪いことだ。先生を慕うあまり、その悪い点

西施のひそみにならう
西施は紀元前五世紀頃の女性。中国四大美人の一人とされている。病気で胸が痛んだときに繭をひそめる表情に皆が見惚れていて、それを見た別の女性が同じ表情をしてみたら反応が悪かったという。

まで見倣ってしまうとは、笑うしかない。けれども今、世間の西洋かぶれの先生がたは、この少年と同様の輩が少なくない。

●東洋と西洋を入れ替えて考える

では、ここから、東洋と西洋の風俗と習慣をそっくり入れ替えてみたとして、西洋かぶれの先生がたならどう評価するか。それを想像しながら書いてみよう。

西洋人は毎日風呂に入るのに、日本人は月にたった一、二回だとすれば、西洋かぶれの先生はこれについてこう語るだろう。「文明が進んでいる国民はよく風呂に入る。よく汗を流して清潔に保つよう、習慣づけている。けれども文明化されていない日本人は、この理屈をわかっていない」と、こんなところか。

日本人は寝室に尿瓶を置いてこれで用を足し、便所から出てきたときに手を洗わなかったりする。これに対し西洋人は、夜中でも起きて便所に行き、何かというと必ず手を洗う。このことに対しては、以下のように言うだろう。「文明人は清潔を重んじるのに、未開人は不潔がどんなものかも知らない。まるで子どもの知識がまだ十分に発達しておらず、清潔と不潔との区別ができないのと変わらない。しかしこういう人民でも、次第に文明の世界へと歩んでいけば、最終的には西洋のよい習慣をまねることになるだろう」。

西洋人は鼻をかむのにいつでも紙を使って、かんだらすぐに捨てる。日本人は紙の代わりに布を使い、洗濯して何度も使う。こういう話から西洋かぶれの論者たちは、たちまち理屈をひねり出す。そして、細かい話から大きな経済論へとこじつけ、こう言うだろう。「資源に乏しい国土では、国民がみずから知らず知らずのうちに倹約する方法を実践している場合がある。日本全国の国民が西洋人のように鼻紙を使うようになれば、国の資源をいくらか浪費してしまうだろう。不潔なのを我慢して布を使うのは、資源が足りないから、やむをえず節約をしていると言わなければならない」。

日本の女性が耳に金属の環飾りを付け、下っ腹を締め付けて衣装を見栄えよく着こなそうとするのを見て、論者はどう評するだろうか。きっと人体の仕組みの話など持ち出して、眉をひそめながらこう言うことだろう。「ひどいものだ。未開人というのは、道理を聞き分けて、自然に従うということを知らない。そればかりではない。ことさら肉体を痛めつけて、耳に荷物を掛けるとは。また、女性の身体でもっとも大切な下腹部を絞め、まるでハチの胴体のようにしている。これでは妊娠しにくくなるし、出産の際に難産の危険が高まるだろう。それが引き起こす災いは一家の不幸という小さいものだが、大きく見れば全国の人口増加を妨げる害となる」。

西洋人は家に鍵を掛けることはめったにない。旅行する際は、荷物持ちを雇う。預ける荷物にはしっかりとかかる鍵など付いてはいないが、それでも物を盗まれることはない。あるいは大工や左官といった職人に工事を依頼する際は、工事の内容をこと細かに記した契約書を作成しない。後になって、その契約内容について公に訴訟を起こしたりすることもまれだ。これに対し日本人は、家の中でも各部屋に錠前を設置し、手元の小物入れにまで鍵をかける。工事請負の契約書など、一字一句まであれこれ議論して用紙に記す。それでも物を盗まれたり、契約をたがえたりすることがあり、裁判所に訴える例が多い。そうすると論者はまた、ため息まじりにこう評するに違いない。「キリスト教のありがたいことよ。それにひきかえ、仏教などに帰依する異教徒の気の毒なこと。日本の人はまるで盗賊に混ざって暮らしているようなものだ。西洋の国々の自由で正直な風俗とは、まったく比べものにならない。やはりキリスト教が広まっている国土では、道に落ちたものも拾われないという理想が実現しているのだ」。

日本人がたばこを噛み、巻きたばこを吹かしている中で、西洋人は煙管を使っているとする。すると、こんなふうに言い出すだろう。「日本は技術が発達していないから、煙管すら発明できない」。日本人が靴を履き、西洋人が下駄を履いているとしたら、「日本人は足の指を正しく使うこともできない」と言うかもしれない。

味噌も海外の製品だったとしたら、こんなには軽蔑されなかったことだろう。豆腐だって、西洋の食卓で提供されたら、いっそう評価が高くなるに違いない。ウナギの蒲焼き、茶碗蒸しともなれば、もう、世界最高の美味として評判を得ることだろう。

●東西の宗教を入れ替えてみる

こうしたことを挙げていけば、きりがない。今度はもう少し高尚な例を取り上げてみたい。それは宗教についての話だ。四百年前、西洋は親鸞上人を生み、日本はマルティン・ルターを生んだ。親鸞は西洋で信仰されていた仏教を改革して、浄土真宗を広めた。ルターは日本のローマ・カトリック教に異を唱え、プロテスタントの教義を広めた。仮にこのような東西逆転の状況があったとして、あの西洋かぶれの先生がたならこう評論するだろう。

「宗教の一番の目的は、人類を救うことだ。人を殺すことではない。この大元

親鸞　一一七三～一二六三。鎌倉時代の日本の僧。浄土宗の元祖、法然の弟子であり、浄土真宗の宗祖。浄土真宗は一向宗とも呼ばれ、戦国時代には一向一揆として大きな勢力を誇った。

のところを誤ると、他がどうであろうと一切は無意味だ。

西洋の親鸞は、この精神を身をもって示した。彼は石を枕にしながら野宿し、苦難を乗り越えて生涯にわたり力を尽くした。その結果、一国の宗教を改革し、今や全人民の大半を信者とするに至っている。親鸞の教化は広い範囲に及んだけれども、彼の死後も、その教えに従った人たちは他宗を信じる人を殺したりはしなかった。また、殺されたこともなかった。これは、もっぱら徳の力を使って人を教化することができた結果と言えるだろう。

ひるがえって日本の有様はどうだろう。ルターが登場し、ローマの旧教に敵対したとき、ローマ・カトリック教徒は、簡単にはそれを聞き入れなかった。旧教はまるで虎のように、新教は狼のように激しく闘い、血で血を洗う抗争となった。ルターの死後も、宗教という名のもとに日本の人民が殺され、国の財産は費やされ、内戦を引き起こして国は滅んでいった。その災いの悲惨さは、筆舌に尽くせないほどだ。野蛮な日本のなんと殺伐なことよ。大衆を救うという教えを掲げて、大衆を苦しみ抜かせる。汝の敵を愛せよという教えによって、罪もない人間を殺す。そうまでして、どの程度の成果があったのか。ルターの新教は、今日もいまだに日本の人民の半分も教化できていない。

宗教戦争
古くはイスラムによるジハード、エルサレム奪還を目指したキリスト教による十字軍などがあったが、狭義には宗教改革におけるカトリックとプロテスタントの争いを差すことが多い。マルティン・ルターの掲げた「九十五箇条の論題」以降、ドイツではドイツ農民戦争、シュマルカルデン戦争、三十年戦争などが起こり、諸外国も参戦して泥沼化した。その結果神聖ローマ帝国は有名無実化し、多数の領邦が分立して統一が遅れることとなった。

東洋と西洋の宗教は、これほどまでに趣を異にしているのだ。私はこの違いに疑問を感じ、ずっと考え続けてきた。しかし、いまだにはっきりとした原因がつかめない。ひそかに思っているのは、日本のキリスト教も、西洋の仏教も、その性質は同じなのではないかということだ。ただ、野蛮な国土に広まれば、自然と殺伐とした気風を醸す。一方、文明国に広まれば、自然と温厚な気風となっていくのかもしれない。それとも、東洋のキリスト教と西洋の仏教とは、そもそも本質的に違った宗教なのだろうか。あるいは、改革者である日本のルターと西洋の親鸞とでは、それぞれが持っていた徳に優劣があったのかもしれない。いずれにしても、浅はかな見立てをもとに勝手に判断するのはよくない。今は、後世に博識な人が登場して、解き明かしてくれるのを待つのがよさそうだ」。

●西洋にも課題はある

ざっと、こんな声が聞こえてきそうだ。しかし、それが実情だとしたら、今の改革一派は、非難されてもしかたないだろう。なぜなら、日本の古い習慣を嫌って西洋の物事を信じているけれど、じつに軽々しく信じ、軽々しく疑っているからだ。彼らは、古いものを信じていたように新しいものを信じている。そして、

気候と文明

第十五編執筆の頃、福澤はヘンリー・トマス・バックル（Henry Thomas Buckle, 一八二一～一八六二）の『英国文明史』を読んでおり、気候や土壌が文明に与える影響は大きく、環境によって文明は本質的に異なるという考え方に影響を受けて、国土による文明の違いという発想に至ったものと思われる。

西洋の文明に憧れるあまり、西洋のひそみや朝寝坊の癖まで一緒に学んでいると指摘すべきだろう。

もっと極端になると、まだ新しく何を信じるべきかを探り当ててもいないのに、これまで信じてきた古いものを捨て去ってしまう。やがて安心して生きる上でのよりどころを失い、心身ともに空洞のようになり、最後は発狂してしまう者さえいる。哀れな話である。医師の話では、近頃、神経を病み、発狂する病人が多いそうだ。

もちろん西洋文明は慕うべきだ。ただし、そのすばらしさに惹かれ、自分たちもそうなろうと思い立ってから、まだ日も浅い。西洋文明を軽々と信じるくらいなら、信じないほうがまだましだろう。

西洋諸国の強さや豊かさは本当にうらやましい。しかし、国民の間には貧富の差がある。そんな弊害まで見倣うべきではない。

日本の税金は、国民にとってけっして寛容とは言えない。けれどもイギリスの小作人が地主から搾り取られる辛さを思えば、我が国の農民の様子には祝福を送りたくなる。

西洋の国々では、女性の立場を尊重する。これは人間世界における素晴らしい風習ではある。けれども、手におえない妻が好き放題に夫を苦しめ、不良娘が父母を軽蔑してよくない素行を繰り返すような習わしまで憧れてはならない。

●日本はどうあるべきか

であるとすれば、今の日本で行われていることは、果たして今のままでよいだろうか。会社の法律は、今のままでよいだろうか。政府の仕組みは、今のままでよいだろうか。教育制度は、今のままでよいだろうか。出版の役割は、今のままでよいだろうか。それだけではない。私たちが取り組んでいる学問のあり方も、今の方向性でよいだろうか。そんなふうに思いを馳せていくと、何から何まで疑問が浮かんできて、暗闇の中で手探りしているような心許なさを覚える。

このように雑然とした困難のまっただ中に、私たちはいるのだ。だから東西の物事をじっくりと比較し、信じるべきを信じて、疑うべきを疑おう。また、選び取るべきものを選び、捨て去るべきものを捨てるのだ。信じる、疑う、取る、捨てる、その最適解を得ることは本当に難しい。だからこそ今、この責務を任せられるのは、他でもない。唯一、私たちのような学問をする者だけなのだ。学問を志す者は、精一杯取り組まなければならない。

いくら考えてみても、学ぶことにはかなわない。たくさんの書物を読み、たくさんの事物に接しよう。先入観を持たず、鋭くその目で観察し、真実のありかを求めるのだ。そうすれば、信じることと疑うこととがたちまち入れ替わることもあるだろう。昨日まで信じていたことが、今日は疑わしくなる。今日の疑問が、明日には氷塊することもある。だから、学問をする人は、必死に努力しなければならない。

（明治九年七月出版）

いくら考えてみても、学ぶことにはかなわない
『論語』「衛霊公」に、「子曰く、吾嘗て終日食はず、終夜寝ねず、以て思へども益なかりき。学ぶに如かざるなり」とある。

第十六編　金に支配されてはならない

- 物欲が止まらなくなると、精神を支配されてしまう。
- 金に支配されるのではなく、金をうまく使える人間になろう。
- 発言と行動のレベルは一致していないと、信頼を得ることができない。

身近なところから独立は維持できる

●欲望に支配される精神

近頃、「不羈《ふき》独立《どくりつ》」という言葉をよく耳にする。しかし、世間では、ずいぶんと間違ってとらえられているようだ。一人ひとり、よくその意味をわきまえるようにしたいものだ。

独立には二種類ある。ひとつは形のあるもの。もうひとつは形のないものだ。

もっとわかりやすく言うと、品物に関して独立することと、精神に関して独立することという二種類に区別される。

品物に関して独立することとは、世の中の人々がそれぞれ財産を築き、仕事をし、他人の世話ややっかいにならない。そして、自分自身の力で生きていくこと。ひとことで言えば、「人から物をもらわない」という意味だ。

形あるものについて独立することは、このように目にも見えるし、説明しやすい。しかし、形のない精神に関する独立となると、その意味はより深く、そして広大だ。独立することとは関係のないように思われることにもこのことはかかわってくるから、誤解する人がとても多くなる。細かい話と思われるかもしれないが、これからその例をひとつ挙げてみたい。

「一杯目、人は酒を呑み、三杯目、酒は人を呑む」ということわざがある。これを読み解くと、「酒を飲みたいという欲望が人の本心を支配し、その独立を妨げる」という意味になる。今日、世の人々の振る舞いを見ると、本心を支配しているのは、酒に限った話ではない。さまざまな物事が、本心の独立を妨げている例がいくらでもある。

たとえば、「この着物に似合わない」と言っては、あの羽織を新調する。する

酒のことわざ
「一杯は人酒を飲む、二杯は酒酒を飲む、三杯は酒人を飲む」。酒は飲んでも飲まれるな、ということ。

と今度は、「この着物と羽織に不釣り合い」だと、あのたばこ入れを買う。そのうち衣服が増えたことで家が手狭になり、新築する。それが落成したら、こんどはお披露目をしなくては体裁が悪いと一席設ける。鰻丼を食べれば、こんどは西洋料理を食べたくなる。西洋料理は金時計を欲しがるきっかけとなっていく。こんな調子で、これからあれへ、一から十へ。一段昇ればまた一段と、きりがない。

この様子を見ていると、まるで、一家の中に主人はいないように感じる。そして身体の中には精神がないように感じる。物が人を手なずけて、物を買わせている。主人は物品に支配され、奴隷としてこき使われている状態だと言える。

●妄想に支配されてしまうことも

これよりさらにひどい例もある。先ほど語ったのは、物品にあやつられる者の場合であるが、少なくともその物品は自分の物であり、自分の身体や家という範囲内で奴隷のようになりかけているだけのことだ。けれども、それでは飽き足りず、他人の持ち物にこき使われている者がいる。あの人がこの洋服を作ったから、自分も作る。隣が二階建ての家を建てたから、それならうちは三階建てを建てると言い出す。友人の持ち物は、自分の買いたい物の一覧表となり、同僚のうわさ話は、自分が次に何を注文するかの下書きの役目を果たす。日に焼けた大男が、自分の節くれ立った指には似合わないと思いながらも、金の指輪を欲しがる。そして、これも西洋風な装いだと無理やり自分に言い聞かせて奮発し、それを買い求める。猛暑の夕方、ひと風呂浴びたあとには浴衣を着て団扇で涼むのが一番だとわかっているくせに、西洋人のまねをしなくてはと、我慢して洋服に身を包んで汗だくになる。ただひたすらに他人の好みと同じでありたいという心配ばかりしているのだ。

他人の好みと同じであろうとするのは、まだいいだろう。お笑いぐさなのは、他人の持ち物を勘違いし、それに振り回されることだ。隣家の妻が最高級の召しちりめんと純金のかんざしを持っていると聞いて悩ましくなり、唐突に私も欲しいと注文してしまう。後日よくよく見てみると、お隣さんが持っていたのは、綿ちりめんに金メッキのかんざしだったという。

こうなってくると、本心をほしいままに動かしているものは、自分の持ち物でもないし、他人の持ち物でもない。煙のような夢の中の妄想に支配されているのだ。つまり、自身の生計は、この妄想に左右されていて、精神が独立している状

ちりめん
縦糸に撚りのない生糸、横糸に強い撚りをかけた生糸を交互に織り込んで生地にして、その後精錬することで独特の表面に仕上げた高級織物。特に高いものを召しちりめんと呼ぶが、綿ちりめんは横糸に綿を使うことで安く仕上げたもの。

態とはかけ離れてしまっている。どれくらい離れているかは、一人ひとりが測ってみるべきものだろう。

●金を制する力

このように、妄想の中で精神はくたくたになり、身体はへとへとになりながら、世渡りを続けていけるだろうか。年収が千円あっても、月給が百円あっても、跡かたもなく使い果たしてしまうだろう。不幸にも収入の道を失ったり、月給が途絶えたりすることがあれば、すっかり無気力になり間抜けのようになり果てるだろう。家に残ったものといえば、使い道のないあれこればかり。身についたものといえば、贅沢の習慣だけ。哀れと言おうにも、それ以上に愚かすぎる。

財産を築くことは、自分自身が独立するための基礎となる。そう思って苦労したはいいけれど、その財産を使う際にかえってその財産に支配され、独立の精神を完全に失うとは。まさに、何かを手に入れる手段で、その何かを失ってしまうということだ。あえて守銭奴のようになれとは言わないけれど、金の使い方は工夫すべきだ。金を制し、金に制されない。そうして精神の独立を少しも傷つけられないよう願っている。

心と実行を一致させる

●議論と実行の両立

議論と実行とは、両立させせなければならない。そう、誰もが言う。けれども、この発言もまた議論であり、それを実行する人は大変少ない。

そもそも議論とは、心に思うことを言葉にして発したり、書き出したりしたものである。まだ、言葉で述べたり、書き記したりもしていないで、ただ心に思っているだけなら、その人の心事、あるいは志ということになる。

だから議論の段階では、心の外側、つまり外界の物事にまだ関わっていない状態と言える。結局、まだ心の内側にあるものだから、自由で何の制限も受けない。一方、実行とは、心に思っていることを外に表し、外界の物事に接して、実際に処理をすることである。だから実行には必ず制限がともなう。外の物事からいろいろな制約を受けるので、自由を得られないのだ。昔の人はこの二つを区別する際に、「言」と「行」と呼んだ。あるいは、「志」と「功」とも言った。また、今日、俗に「説」と「働き」と言うのもこれに当たる。

「言行不一致」という言葉もある。これは、議論で言っていることと、実際に行うことが一緒ではないということだ。

「功を評価して、志を評価しない」とは、「実際の仕事ぶりを評価してから物を与えなさい。心では何と思っていようとも、形のない志だけで賞賛してはいけない」という意味である。また、世間では、俗に「あいつの言うことはともかく、何の実績もないから」と言って軽蔑することがある。どちらも、議論と実行が食い違っていることを批判しているものだ。

そうだとすれば、議論と実行とは、ほんの少しも食い違わないよう、ぴたりと一致させなければならない。ここからは、初心者にもわかりやすいように、人の「心」と「働き」という二つの言葉を用いてみたい。この二つが助け合い、一致したとき、人間に利益をもたらすということと、この一致が崩れるとどんな弊害が生まれるかを、これから説明していこう。

●「心」が足りないとき

第一に、人の働きには、大小、軽重の区別がある。芝居も人の働きだし、学問も人の働きだ。人力車を引いたり、蒸気船を運航させたりするのもそうだ。ま

功を評価して、志を評価しない

『孟子』「滕文公下」に、「然らば則ち子志に食せしむるに非あらざるなり、功に食せしむるなり」とある。

た、鍬を持って農業をしたり、筆を執って本を書いたりするのも皆人の働きだ。けれども役者よりも学者になろうと思って努力したり、車引きの仲間に入らないで航海術を学んだり、百姓の仕事では満足できないと本を書いたりするのは、働きの大小や軽重をわきまえて、軽小を捨てて、重と大の道を選ぶことだ。人間としてすばらしいことである。

ところで、このように大小軽重を区別させるものは何だろうか。それは、本人の心であり、志である。より大きく、より重いものを目指す心と志を持つ人を、心の高尚な人物と呼びたい。人間の心は高尚でなければならない。心が高尚でないと、働きもまた高尚にはならないのだ。

第二に、人の働きは難しいか易しいかにかかわらず、とても役に立つものとそうでないものとがある。囲碁や将棋で強くなるのは簡単なことではない。こうした世界では、技術を研鑽し、たゆまず工夫していかなくてはならない。その困難さは、天文、地理、機械、数学などの学問と変わらないほどだ。しかし、それが役に立つかどうかという点に関しては、当然ながら比べものにならない。

このように、有用か、無用かをしっかりと観察して、有用な道に進むことができる人は、とりもなおさず、心の見極めが効く人物である。心でしっかり見極められないと、せっかくの働きも、意味のないものになってしまう。

第三に、人の働きには規則がなくてはならない。働きを行う場合は、時と場所をわきまえなければならない。たとえば道徳の説教はありがたいものだが、それを宴会の最中にいきなり始めたらどうだろう。いたずらに人の嘲笑を買うのが関の山である。学生たちの激論もたまに聞けばおもしろいものだが、親戚や女性、子どもたちが集まっている席でこれを始めたら、頭がおかしいのではないかと言わざるを得ない。

このように場所柄、時節柄をわきまえて規則に従えるかどうかが、すなわち心の賢さである。働きだけ活発でこの賢さがないと、蒸気はあっても機関がないようなもの、あるいは船に舵がついていないようなものだ。ただ利益をもたらさないだけでなく、かえって害になることも多い。

「働き」が足りないとき

第四に、ここまでは働きはあっても心が整っていないがゆえの不都合をあげてきたが、これとは反対に心だけは高尚かつ遠大で、実際の働きがない場合だ。これもまた、たいへん不都合なものである。

心は高いところにあるけれど、働きが伴わない者は、常に不平を抱かざるを得なくなる。たとえば仕事を見つける際、世間の様子を一通り見渡してみる。自分にできそうな仕事はあるが、どれも自分の心の基準より低く見えてしまう。だから、そんな仕事にはつきたくない。かと言って、心の基準にかなう仕事をしたくても、実際の働きが力不足だ。

こうなるとその原因が自分にあるのだとは認めず、周りを責める。あるいは「時代が悪い」とか、「巡り合わせがよくない」などと言い、まるでこの世に自分のすべき仕事がないかのように思い込む。そしてただ引きこもって、一人で悩み苦しんでいる。口を開けば恨み言、面を上げれば不平顔。自分以外は皆敵で、世の中は皆不親切だ。そんな心の中をたとえて言えば、人に金を貸したこともないのに、いつ返してくれるのかと腹を立てている者だと言えるだろう。

●不平不満ばかりの人たち

儒学者は自分を評価してくれる者がいないのが気に入らない。学生は援助してくれる後ろ盾がないと心細くなる。役人は出世のめどが立たないと苦悶する。町人は商売が繁盛しないと落ち込む。藩が廃止された武士はどう生計の手段がわか

儒学者の傲慢
278頁参照。

らず呆然とする。官職につけなかった華族は、自分を敬ってくれる者がいないのが気にくわない。朝から晩まで浮かないことだらけで、楽しいことなど何ひとつない。

近頃世の中に、この手の不平家がとても多いと感じる。その証拠を出せというのなら、普段の付き合いの折に、人の顔色をよく観察してみることだ。発する言葉も表情もいきいきとしていて、心の中の心地よさがあふれ出ているような人物はほとんどいないはずだ。

実際に私たちが観察してみたところ、ふさぎ込んだ顔の人たちばかりで、朗らかな顔をした人はほとんど稀にしかいなかった。もしもその顔を拝借することができたなら、お悔やみの見舞いに重宝すると思える表情ばかりだ。気の毒としか言いようがない有様だ。

もしこの人たちを、それぞれにふさわしい働きの水準で働かせることができたらどうだろう。そうすれば、自然と活発に仕事をする喜びを覚えるだろう。次第に事業は進歩し、最終的には心と働きとがきちんと同じ水準になるはずである。

それなのに、まったくこのことに気づかない。働きの水準は「一」止まりなのに、心の水準は「十」なのだ。一にいて十を望み、十にいて百を望む。望んでもけっして得られることはなく、かえって憂鬱を背負い込んでいる始末だ。

これは例えるなら、石の地蔵に飛脚の魂を入れたようなもの、あるいは脳出血で身体が麻痺した人が、神経だけが鋭くなったようなものだ。きっと歯がゆくて、なさけない思いをしていると察することができるだろう。

また、心だけが高尚で、働きが伴わない人は、人に嫌われ、孤立しがちだ。自分の働きと他人のを比べたら、もちろんかなうわけがない。なのに自分の心の高尚さを基準にして、他人の働きを見てしまう。そして、「なんだ、たいしたことはないじゃないか」と、密かに軽蔑の念を抱いてしまう。むやみに人を軽蔑する者は、必ず人からも軽蔑される。互いに不平を抱き、互いに軽蔑する。そのうち奇人変人と馬鹿にされ、世間に入っていけないようになってしまうのだ。

●そんなに自分はできるのか、考えてみよ

今、世の中を見ると、傲慢なせいで嫌われる者がいる。また、人に勝ちたいと欲するあまり、人に嫌われる者がいる。あるいは、人にたくさんのことを要求し、人から疎まれる者がいる。人を中傷して、人から嫌われる者もいる。

こういう者たちは、人と自分を比べる軸を失っており、自分の高尚な心を基準にして、人の働きと照らし合わせる。自分が自分に酔って心の中で勝手に描く高

飛脚
江戸時代の主要な通信手段であり、足の速い人の代名詞とも言える存在であった。一八七一（明治四）年に前島密（一八三五～一九一九）の提唱で郵便制度が導入され、飛脚業者は集まって陸運元会社を設立し、政府の庇護のもと運輸会社としての道を歩むことになった。

尚な想像を基準にすることで人から嫌われるきっかけを作り、とうとう自分から人を避けて、孤立して苦しい状態に陥ってしまうのだ。

後進の若い皆さん、この機会を借りて忠告しよう。人の仕事を見て、たいしたことがないと思ったら、自分でその仕事をやってみるといい。人が商売をするのを見て、下手だと思ったら、自分でその商売をやってみるといい。隣の家の家族を見て教育がなっていないと思ったら、その教育を自分の家族にしてみるといい。人が書いた本を批評したくなったら、自分で筆を執って本を書いてみるといい。学者を評価しようと思ったら、学者になろう。医者を評価しようと思ったら、医者になろう。

大きなことから小さなことまで、他人の働きに口を挟みたくなったら、ためしに自分自身を他人の働きの水準に合わせて、自分自身で体験し、その上で考えてみてほしい。仮に、職業としてまったく違う種類であったとしても、その働きが難しいか易しいか、重要かそうでないかを考慮しよう。さらには、まったく異なる分野同士の仕事であっても、両方の働きもとに自分と他人とを比較することができれば、大きな間違いはないだろう。

（明治九年八月出版）

第十七編　人望を獲得するための秘訣

・仕事をしていく上で、人望があると何かと便利である。
・虚勢を張るというのではなく、適切に評価してもらえるために表現力を身につけるべきだ。
・見た目の印象をよくして、多くの人と積極的に交流しよう。

人望と人付き合い

●人望は仕事の基本

十人が十人、百人が百人、ある人物をこう評したとしよう。「誰それさんはしっかりしていて、頼もしい人物だ。この件の始末を任せても絶対に間違いはない。あの仕事を頼んでも、成功することだろう」。このように、初めからその人物の人柄を当てにして、世間一般から期待をかけられる人がいるものだ。そのような人々のことを、人望のある人物と言う。

どのような社会でも、人望の大小や軽重はある。けれども、少なくとも人から当てにされるようでなければ、何の役にも立たない。

小さな例で言えば、十銭持たせて町に使いに出される者がいるとしよう。この人には十銭だけの人望があって、十銭分だけは人に当てにされている人物と言える。十銭から一円、一円から千円、一万円と人望は大きくなり、ついには何百万円の元金を集める銀行の頭取になる人もいる。あるいは一府、一省の長官になって、金を預かるだけでなく、国民の暮らしの便利さを図り、不便さを解消する責務を持つ。さらには国民の貧富の差をどうしていくかについても引き受け、国民の名誉の保ち方にも責任を持つ。このような大任に当たる者は、必ず日頃から人望があり、人に当てにされる人物でなければならない。そうでなければ、とても務めは果たせないだろう。

人を当てにしないのは、その人を疑っているからだ。人を疑えばきりがない。見張り役を見張るためにそのまた見張り役を置く。監察官を観察するために監察官を任命する。結局、何の取り締まりもできず、ただ、相手の機嫌を損なったというような馬鹿な話は、昔も今もたくさんの例がある。

監察官
中国では監察制度が発展しており、地方の役人を監視するために中央から監察官が度々送られていた。ただし、結局それが監察官への賄賂に繋がっていた。

また、「三井や大丸といった老舗の商品なら間違いないから、定価で買っても大丈夫だ」そう言って商品をよく吟味もせずに買うことがある。「滝沢馬琴の作品だったらおもしろいに決まっている」と、表題を聞いただけで注文する人も多い。こうして三井や大丸の店は、ますます繁盛し、馬琴の本はいよいよ流行して、商売にも著述にも非常に都合がよい。人望を得ることがどんなに大切かが、こうしたことからもわかるだろう。

●才能・知性・徳が人望をもたらす

「六十キロの力がある者には、六十キロの荷物を担がせればよい。千円の財産がある者には、千円を貸してもよい」。このように判断したとすれば、人望も名声も不要ということだ。単にその人の力量の額面通りの仕事をまかせればよい。けれども人間のすることは、このように簡単に片付けられるものではない。四十キロの力もないにもかかわらず、座ったまま数百トンの物を動かしている者がいる。千円の財産すら持っていない者も、数十万円の金を運用していることがある。

ためしに今、富豪と言われる商人が会計をしている場に飛び込んでみたとしよう。そして、一時的に帳簿類をすべて精算してみたら、どんな結果になるだろう

三井と大丸 江戸時代の呉服屋で、百貨店の三越と大丸の前身。

滝沢馬琴 一七六七〜一八四八、本名滝沢興邦。江戸時代後期の読本作家で、代表作に『南総里見八犬伝』がある。

か。収支を差し引いてみたら、数百円、数千円の不足となっているかもしれない。この不足分は、つまり資産がマイナスということになる。だから無一文の物乞いよりも数百円、数千円も下だという勘定になる。しかし世間の人がこの富豪を物乞いのようには見ていないのは、なぜか。

それは、この富豪に人望があるからだ。他に理由などない。だとすれば、人望とはその人の実際の力量によって得られるものではない。また、財産がたくさんあるからといって得られるものでもない。ただ、その人の活発な才能や知性の働き、正直な心という徳の高さによって、少しずつ積み上げていくものだ。

人望が知性や人間性から育まれるのは自然の道理であり、本来そうあるべきはずである。けれども、世の中には、昔からその正反対の事例が少なくない。やぶ医者が玄関を立派にしたところ、患者が引きも切らずやってくる。薬屋が宣伝のために看板を金色にしたら、大繁盛し始める。いかさま師が帳場にからっぽの金庫を置いてみたり、学者が読みもしない原書を書斎に飾ってみたりする。あるいは、人力車では新聞を広げ、帰宅してからは昼寝をしている者がいる。また、日曜の午後には礼拝堂で涙を流し、月曜の朝には夫婦喧嘩を始める者もいる。

キリスト教解禁
一八七三（明治六）年、キリスト教禁止令は解かれ、キリスト教徒が増えつつあった。

●虚栄は害悪か？

絶え間なく出来事が流れていくこの世の中では、本物と偽物、善と悪が混ざり合っている。どれを是とし、どれを非とすればよいのかわからない。極端な場合は、人望を集めている様子から、その人が愚かで徳のない人間だと見抜けるケースもなくはない。

そんなことがあるからだろうか。少しばかり見識を身につけた立派な人物と言われる人の中には、あえて栄誉を求めない者もいる。あるいは、人望を俗世間の虚名だとして、ことさらに避ける者も出てくる。これも無理のないことかもしれない。立派な人物の心がけとして、賞賛すべきことだと言える。

そうは言っても、世の中のどんな物事であれ、極端に偏った意見ばかり論じてみても、必ず弊害がある。立派な人物とされる人が世間の栄誉を求めないことは、大いに賞賛すべきことかもしれない。けれども、栄誉を求めるか求めないかを決める前に、まず「栄誉とは何か」をはっきりする必要がある。その栄誉というものが、果たして虚名の最たるもので、やぶ医者の玄関や薬屋の看板のようなものなら当然、避け、遠ざけるべきことは言うまでもない。しかし、また一方から見ると、社会で人間のすることのすべてが嘘でできているというわけでもない。

人間の知性や人間性は、花が咲く樹のようなもので、栄誉や人望は咲いた花だと言える。せっかく花が咲く樹を育てて花を咲かせたのに、なぜことさら花を摘むようなことをするのか。栄誉の性質を調べもしないで、ともかくこれを捨て去ろうとするのは、花を取り除いて、樹木の存在を隠すようなものだ。隠したところで、その効用が増すわけではない。まるで、活かせる長所を殺して用いるのと変わらない。世間に対する貢献という面でも、大きな損失と言える。

●栄誉や人望を積極的に求めよ！

それならば、とりもなおさず、栄誉や人望は積極的に求めるべきだろうか。そのとおり。努力して求めるべきだ。ただ、これを求めるにあたっては、自分にふさわしいかどうかを忘れてはならない。心身の働きによって世間の人望を集めることは、米を量って人に渡すのと同じだ。升を使って上手に掬える者は、一斗の米を量っても、一斗三合と多く見せることができる。下手な者は、九合九分にしか見えない掬い方をしてしまう。

私が言う、「自分にふさわしいかどうか」という意味は、このような過不足がなく、ぴったり一斗の米を一斗として量ることである。升の使い方に上手い下手はあっても、そのせいで生ずる誤差はせいぜい二、三パーセント多いか少ないかだ。けれども、知性や人間性を世の中に示す場合、その差異は三パーセントどころではない。上手な者は二倍にも三倍にも見せ、下手な者は半分ぐらいにしか見せられない。あまりにも多く見せてしまう者は、世間に大きな損害を与える。当然ながら、そういう人間は憎まれるべきだ。しかし、ここではそのことは脇へ置いておこう。これから話したいのは、自分の働きを実際以下にしか見せられない人はどうすればよいか。これについて、少しばかり論じたいと思う。

孔子はこんなふうに言っている。「立派な人間は、人々が自分のことを評価してくれないと嘆いてはいけない。自分が優れた人を評価していないのではないかと気づくべきだ」。この教えは当時、世の中に流行っていた弊害を矯正しようとして述べた言葉だ。しかし、後世の無気力かつ無能で、性根の腐った儒学者たちは、この言葉を真に受けてしまった。そうして、引っ込み思案になることだけに心を集中させた。この悪い習慣はどんどん増長し、ついには、奇人変人、無言で無表情、笑うことも知らず泣くことも知らない木っ端のような男をこしらえてしまった。そしてそんな人物を、「奥ゆかしい先生だ」などと言って人々は崇める

立派な人間
『論語』「学而」に、「子曰く、人の己を知らざるを患へず、人を知らざるを患ふ」とある。

ようになってしまった。これは人間世界の奇談のひとつだと言える。

●流暢にはきはきと人に伝えよ

今こそ、この卑しい習慣を脱しなければならない。活気ある環境に身を置き、たくさんの物事に接し、人々と広く交わるのだ。それによって人を知り、自分も人に知られるようになる。そして、自分自身のために、さらには世の中のために、持ち前の力を存分に発揮すべきだ。そのため次のようなことが必要となる。

第一に、話し言葉を学ばなくてはならない。文字に記して意図を伝えることは、もちろん効果的な手段だ。手紙や著述といった書き言葉の技能も上達を心がけなくてはならない。けれども、身近な人に会って、直接、自分が思ったことを伝えるためには、話し言葉ほど有効なものはない。その際の言葉はなるべく流暢で、はきはきとしているのが望ましい。

近頃世の中では、演説会がよく開催される。こうした演説の場で、ためになる話を聞くことはもちろん有益だ。それに加えて、流暢ではっきりとした言葉を話したり聞いたりできる機会は、演説者にも聴衆にも有意義である。

また昨今、話すのが下手だと言う人が話すのを聞いていると、表現のしかたが非常に貧弱だ。そのせいで、いかにもつまらなく聞こえてしまう。たとえば、学校で教師が翻訳の講義などをしているとしよう。「円い水晶の玉」という訳語が出てくると、わかりきったことと思うせいか、これに少しの補足も加えない。ただ難しい顔をして、生徒たちをにらみつけ、「円い水晶の玉」と言うだけだ。けれども、もしこの教師の語彙が豊富で、言い回しが上手な人物だったらどうだろう。「円いというのは、角が取れてお団子のような形のことです。水晶は、山から掘り出すガラスのようなもので、山梨県あたりからたくさん採れます。この水晶で作ったごろごろ転がるお団子のような玉のことです」。このように解説してくれたら、女性や子どもも腹の底からよくわかるはずだ。それなのに、使っても何も不都合なことなどない言葉を使わないせいで、説明に不具合が生じている。これはつまり、演説の技術を学んでいないからだ。

そうかと思えば、こんな取るに足らないたわごとを言う学生がいる。「日本語は不便にできている。これでは文章を書くにも、演説するにも使い勝手がよくない。だから英語で語り、英文を書くほうがよい」。思うにこの学生は、日本に生まれたというのに、いまだ十分に日本語を使ったことがないのだろう。ひとつの国の言葉は、その国で物事が増えて複雑になるにつれ、だんだんと増えていくも

英語公用語化論
現在でも時々唱えられるが、明治初期には森有礼が英語公用語化を主張していた。

のだ。だから、少しも不自由などしないはずだ。何はともあれ、今の日本人は上手に今の日本語を使って、上手に話すことができるよう努力しなければならない。

●表情や見た目を快活にせよ

第二に、表情や見た目を快活にして、第一印象で嫌がられることがないようにすべきだ。肩をすくめて愛想笑いをしたり、言葉巧みに顔色をとりつくろったりして、太鼓持ちが媚びへつらうような振る舞いは、もちろんよろしくない。けれども、苦虫をかみつぶして苦い熊の肝をすすったような、黙っていたら褒められ、笑ったら損になるかのような、あるいは年がら年中、胸の痛みを患っている者のような、また、一生涯両親の喪に服しているかのような表情ばかりなのも、大変困りものだ。

表情や見た目が快活で愉快だというのは、人間にとって徳のひとつである。これは人付き合いをする上で、もっとも大切なものだ。人の表情は、家でいえば玄関にあたる。広く人に交わって、自由に来客してもらうには、まず、この玄関を開いて入り口を掃除し、ともかく寄り付きたくなるように心がけるべきだ。

それなのに、今どきの人の中にも、人と交わろうとする際、表情を和やかにしようといった気配りがない人がいる。むしろ、偽君子のまねをして、ことさら渋い顔をしたりする。こういう人は玄関戸の前に骸骨をぶら下げたり、門の前に棺桶を置いたりするようなもの。いったい誰がそんなところに近寄ろうとするだろうか。世界の中でも、フランスこそ文明の源と言われ、ここから知識が広まっていくとされる。その理由をさぐってみれば、国民が活発で気軽に振る舞っていることが挙げられる。彼らは、言葉遣いも表情も親しみやすく近づきやすい。そんな気風が、文明の源と言われる理由のひとつだろう。

いや、そうではないと、誰かが反論するかもしれない。「言葉遣いも表情も、人それぞれ持って生まれたものだ。努力してもどうにもならない。こんなことを議論しても、結局、何にもならない」。

この意見は、一見、もっともらしい。しかし人間の知性が発達していく過程を考えれば、適当ではないことがわかるだろう。

どのような心の働きであろうと、発達させようと思ってできないことはない。それは、手足を動かせば筋力が強くなるのと変わらない。言葉遣いも表情も、人間の心身の働きだから、何もしないで上達するわけはないのである。にもかかわらず、昔から日本の習慣では、この大切な心身の働きは捨て置かれ、見向きもされなかった。これは大きな心得ちがいではないだろうか。

私が言いたいのは、言葉遣いや表情の働きを学問としてあらためて今日から始めなさいとまでは言わないけれど、言葉遣いや表情の働きを人間の徳のひとつのあり方としてないがしろにせず、いつも心にとどめて忘れないようにしてほしいということだ。

●仲良く素直に付き合おう

ある人はまた、こう反論するかもしれない。「表情を快くするとは、うわべを飾ることだ。うわべを飾ることが人付き合いで大事だと言うのなら、ただ表情や見た目だけでなく、衣服も着飾り、飲食も贅沢にしたくなる。気に入らない客人も招いて、身分不相応のご馳走をするなんて、何から何まで虚飾づくめで人と交わることになる。こういった弊害があるのではないか」。この意見も一理あるように は聞こえる。けれども虚飾は人と交わる上での弊害であって、けっして人と交わることの本質ではない。物事の弊害というものは、時として、その本質と正反対になるものが多い。『論語』で言う「過ぎたるはなお及ばざるがごとし」と

過ぎたるはなお及ばざるがごとし 『論語』「先進」にある孔子の言葉。

は、つまり弊害と本質とが正反対になっていることを表した言葉だ。

たとえば、食べ物の役割は、身体を養うことだ。けれども食べ過ぎると、かえって栄養の妨げとなる。栄養は食べ物の本質であり、過食はその弊害である。弊害と本質は、相反するものなのだ。

そうだとしたら、人間交際の本質も、仲よく素直に付き合うことにある。虚飾に流れてしまうとしたら、それは決して交際の本質ではないのだ。

何と言っても、世の中で夫婦や親子ほど親密な間柄はない。これを「天下の至親」という。そうすると、この至親の間柄を取り仕切るものは何だろう。そこには、ただ仲良くしたいという素直な真心があるだけだ。うわべの虚飾を避け、あるいは払ったり拭き取ったりしてきれいにし尽くして、初めて肉親同士の間にあるのと同じものを見ることができるのだ。

そうであるなら、交際して親睦を深めることは、素直に付き合っていくということに尽きる。虚飾を持たないようにするということなのである。

とはいえ、私は今の国民に向かって、親子や夫婦のように交際をしてほしいと望んでいるわけではない。ただ、交際の向かうべき方向を示したいだけである。

人を評する際、俗に、あの人は気さくな人だ、気の置けない人だと言う。遠慮のいらない人、さっぱりした人、男らしい人とも言う。あるいは、おしゃべりだけれど程度はわきまえている人、騒々しいけれど憎めない人、無口だけれど親切な人、怖いけれどあっさりした人などとも言う。こういった表現は、あたかも家族の間柄を表しているようだ。仲よくしたいという素直な真心があふれている。

●友人知人は多い方がよい

第三に、『論語』の一説に「同じ道を歩かない者同士は、お互いに相談することができない」とある。

世の中の人は、またこの意味を取り違えている。学者は学者同士、医者は医者同士しか話が合わない。少しでも業種が異なれば、お互いに近しくなれないと思い込んでいるのだ。同級生のときは仲がよくても、卒業後に片方は町人になり、もう片方は役人になると、まるで千里を隔てたよう、敵対する呉と越かと思えるような関係となる場合がある。無分別といったらない。

人と交際しようと思ったら、ただ旧友との付き合いを忘れないだけでなく、さらに新しい友人を作っていくべきだ。人は触れ合わないことには、お互いに考えていることはわからない。考えていることがわからなければ、その人物について

同じ道…『論語』「衛霊公」に、「子曰く道同じからざれば、相為に謀らず」とある。

知る方法はない。

試しに考えてみてほしい。偶然に出会った人物と生涯の親友になったということがあるではないか。十人に会って、偶然、生涯の一人に当たったとしたら、二十人と会えば偶然に二人を得るだろう。人を知り、人に知ってもらうということも、たいていはこんなところから始まるものだ。

人望や栄誉といった話はしばらく置いておこう。今日、世の中に友人知人が多いことは、さしあたって都合がよいではないか。

先日、東海道の宮の渡しでたまたま船に乗り合わせた人を、今日、銀座の通りで見かけて、お互い思いの他都合がよかったということもある。あるいは、今年、出入りしている八百屋が、来年、奥州街道の旅館で腹痛の介抱をしてくれるかもしれないのだ。

●関心の幅を広げよう

いろいろな人がいると言うけれど、人間は鬼でもなければ蛇でもない。わざわざこちらに危害を加えようとする悪い人はいない。びくびくしたり、遠慮したりせず、自分の心をさらけ出して、さらりと付き合いを始めればよいのだ。

宮の渡し
名古屋の熱田神宮から、三重県桑名市までの船が出る場所。

つまり交わりを広くするのに肝心なのは、関心をさまざまに持つことである。あれこれいろいろに取り組んで多芸多能を目指し、ひとつに偏らないこと。多方面にわたって人に接することだ。

ある人は学問を通じて、またある人は商売を通じて人と交わる。あるいは、書画の友達もいれば、囲碁や将棋の相手もいることだろう。遊興や放蕩のような悪事でさえなければ、友と出会う手段にならないものはない。

何の芸もない者なら、一緒に食事をするのもよし、茶を飲むのもよし。それすら苦手という人で、腕っ節が自慢なら腕相撲、枕引き、足相撲も座興として交際のきっかけになるかもしれない。

腕相撲と学問とは道が違いすぎて、共にやろうとするものではないかもしれない。けれども世界の土地は広く、人間の交際はさまざまだ。四、五匹のフナが井戸の中で過ごしているのとは、わけがちがう。

人間である以上、人を毛嫌いするのはよろしくない。

（明治九年十一月出版）

第3部

福澤精神から学ぶべきこと

「人の仕事を見て、たいしたことがないと思ったら、自分でその仕事をやってみるといい」と、福澤は第十六編で語りかけている。心と働きを一致させることが大事で、いくらすばらしい理想を思い描いてみても、行動力が伴わなければ何にもならないということ。これも福澤が生涯を通じて主張し続けたメッセージだ。

ここでは、少し意外な福澤エピソードを交えながら、今の私たちが『学問のすすめ』を通じて、どう考え、どう行動に結びつけていけばよいかのヒントをさぐってみたい。

1 対立を恐れないこと

「福澤は批判をものともせず、必要以上に人心を刺激するようなところがあった。しかし、当たり障りのないことなど、彼にすれば言う必要のないことだったろう。むしろ批判されるくらいのほうがよい」という趣旨の文章が、岩波文庫本『学問のすゝめ』の解説に収められている。執筆者は小泉信三《こいずみしんぞう》氏で、同氏は福澤諭吉研究の第一人者としても知られていた。

批判を恐れず、あえて論議を呼ぶ鋭い主張は、福澤の面目躍如たるものがあった。ただし、そこには彼の流儀というものがあって、批判をするときは相手の人格を攻撃するのではなく、論争が終わったら立場を離れて仲良くしていた。

●福澤諭吉と大隈重信

面識がなかった頃の福澤諭吉と大隈重信《おおくましげのぶ》は、「生意気な政治家だ」、「お高くとまった学者め」とお互い虫が好かない様子だったという。あるとき知識人の集まりがあり、それならあの二人の有名人を引き合わせてみてはどうかということに。けれども、大隈の身長は一八〇センチ、福澤も一七三センチあり、二人とも当時としては目立って大柄な体格だった。酒の勢いで喧嘩にでもなったら、大変なことになる。

ところが二人は、酌み交わすうちにすっかり打ち解けて、仲良くなってしまった。共に日本を思う気持ちは同じだったようで、その後はお互いの家を行き来する仲となり、生涯その友情は続いた。

大隈は福澤のすすめもあり、大学を創設することにした。名称を東京専門学校とし、のちの早稲田大学となった。けれどもせっかく開校までこぎ着けたのに、政府内の対立で忙殺された大隈は、開校式に出席できなくなってしまった。そのとき、大隈不在の式場に出席し、祝辞を述べたのが福澤だった。これを機に二人の友情はますます高まったという。

●守銭奴だったという説

「諭吉は金もうけが好きでね」と言ったのは、勝海舟《かつかいしゅう》だ。福澤が学校運営のために投資を願い出たとき、勝は断った。「おまえさんは、三田の払い下げ地を手つかずで持っているじゃないか」、というわけである。だが、このことだけが原因で勝は福澤をケチだと言っているわけではないようだ。そもそも咸臨丸に同船して以来、どうもお互いそりが合わなかった。

他にも福澤は守銭奴だったという者はけっこういたようだが、どうやらこれは、彼自身が仕掛けたキャンペーンに理由がある。一八八五（明治十八）年あたりから、福澤はやたらと「銭、銭」と言うようになった。そこへ輪をかけて『拝金宗』という本を門下生に出版させた。その表紙絵が振るっていて、釈迦とキリストと孔子とが後ろ手に縛られており、その周りから紳士淑女の群れが逃げている。彼らが目指す先には、大黒様か何かが輝いているというもの。内容はアメリカの富豪がいかに金儲けをしているとかいったものだ。

明治維新から十数年経っても、まだまだ「武士は食わねど高楊枝」で、世間の経済はいっこうに振るわない。そんな倫理を壊すための起爆剤として、「文明は銭だ」などと、かなり過激な言い方を福澤はした。それは、官尊民卑に対する強烈なアンチテーゼでもあり、門下生にはビジネスの世界へ行けと奨励した。民間の諸君は金儲けするのだ。民間が元気で、一人立ちしていかないと、西洋とも伍していけない。そこに福澤の真意があった。

●授業料制度の元祖

金つながりで、もうひとつ。日本で初めて授業料を取ったのは、福澤諭吉だった。それまでの私塾では、束脩《そくしゅう》といって弟子が入門時や盆暮れなどに物品を謝礼として渡すのが普通で、授業料として定期的に払う習慣はなかった。

これに対して福澤は仕事をしているのだから、報酬を受け取るのは当然と、授業料制を導入し「金を納めるのに水引きやのしを使うには及ばぬ」と規定した。福澤らしい合理精神の表れと言えるだろう。

●演説発祥の地

さて、対立するも何も、まずは自分の意見をきちんと人前で話せるようにならなければ始まらない。『学問のすすめ』第十二編でも、「中身の善し悪しはともかく、口頭で話すこと自体が、人に興味を抱かせるものだ。（中略）理解しても

三田演説館
（出版部撮影）

らいやすいし、感動を与えることすらある」と述べ、欧米では機会あるごとにいろんな人がスピーチを行っていることを紹介している。

日本では、人前で話すと言えば、せいぜいお坊さんの法話ぐらいしかなかった。そこで福澤は一八七五（明治八）年、慶應義塾内に演説を練習するための三田演説館をわざわざ建てた。最初は皆非常に下手で、「決して笑いだしてはいけない」という約束を交わしたそうだ。

●模擬国会での応酬

福澤が演説にこだわった理由のひとつは、国会開設と関連があったと言われる。日本には演説の習慣がなかったため、国会ができても意見書を交わすに過ぎず、これでは筆談と同じになるのではと心配していたようだ。

それならば練習しようということで、慶應義塾では模擬国会が開かれ、福澤が議長役となった。ところが、議員役の塾生が発言しているのをさえぎって、福澤は自説を述べ始め、とても評判が悪かった。「議長が勝手に放言するのは議事法違反です」と塾生は福澤に食ってかかる。それに対して福澤は「きみたちが思ったことを言えないので、じれったいから補ってやっているのだ」とやり返す一幕もあったという。答弁の上達はさておき、自由闊達な学びの雰囲気がうかがえるエピソードではないだろうか。

●人との交流が社会を作る

「天は人の上に人をつくらず」という、キャッチーな一文で始まる『学問のすすめ』は、最終編の終わりもまた印象的だ。

「人間である以上、人を毛嫌いするのはよろしくない」

世の中では幅広く、いろんな人と付き合いなさい。古くからの友だちはもちろん、新しい友だちもどんどん増やしていこうと福澤は締めくくっている。しかもひとつの分野に偏らず、多様なジャンルの人と付き合うことで、「そんな見方もあるのかと」勉強になるというのだ。

また、第九編では、「交際が広くなればなるほど、自身の幸福も大きくなるのを感じることができるだろう」と述べている。人間は生まれながらに社会的な動物だ。交流を盛んにすることによって、閉じられた世の中がオープンで自由な社会へと変わっていくということだろう。

●アメリカ大統領に謁見

実際にさっぱりとして裏表がなく、いろいろな人と交友があった福澤は、アメリカ大統領にも会ったことがある。一八六七（慶応三）年、二度目の渡米で、第十七代のジョンソン大統領に謁見している。この人は、リンカーンが暗殺されて、副大統領から昇格した大統領だった。

このときの謁見は、ホワイトハウスのブルールームで行われた。その数日前には、「天は人の上に人をつくらず」の引用元と言われるアメリカ独立宣言を直に見ている。

ちなみに謁見から数日後、福澤は犬の散歩をする大統領と出くわすが、さすがに交友関係を結ぶには至らなかったようだ。

●着流し姿の丈夫

「表情や見た目が快活で愉快だというのは、人間にとって徳のひとつである。これは人付き合いをする上で、もっとも大切なものだ」と、第十七編で福澤は述べている。

では、実際、福澤はどんな見た目だったのだろうか。たくさん残っている彼の肖像や写真を見ると、確かに快活でまっすぐな人柄がうかがえるが、疑問もわいてくる。

普通肖像や写真を撮るときは、晴れの日の姿をするものだ。当時なら、羽織・袴か、スーツ姿だったろう。けれども、福澤の肖像はどれも着流し、つまり商人と同じ装いなのだ。

空いばりが大嫌いだった福澤は、帯刀をやめるとこの着流し姿で通した。慶應の塾生たちも「イケてるなあ」と思ったのだろう。福澤を真似て着流しに角帯姿だったたから、すぐに「あ、塾生さんだ」とわかったそうだ。

●一万円札つながりだけでない福澤と渋沢

お札の「顔」として一九八四年から親しまれてきた福澤諭吉だが、二〇二四年をもってその役目を同時代の実業家、渋沢栄一へとバトンタッチすることが決まっている。福澤は自ら創刊した『時事新報』の一八九三（明治二六）年六月十一日の記事で「（渋沢）氏は一たび職を去りてより全く官途の望を絶ち當時官尊民卑の氣風最も盛なる世の中に身を抽んでて實業に従事し」たと、渋沢を高く評価している。当時の福澤は五十八歳、渋沢は五十三歳。

かたや企業経営者を多数輩出した慶應義塾の創設者、かたや五百社にもおよぶ企業の創設に尽力した資本主義の父。浅からぬ縁がある二人だが、どちらも最高額面券としての紙幣にふさわしい志の人だと言えるだろう。

2 人をねたまない

上手に人と付き合い、交友を広げていく上では、ねたみを持たないということも大切だ。人にはいろいろ欠点があるものだが、その中でねたみほどたちの悪いものはないと福澤は第十三編で指摘している。何しろねたみに取り憑かれた人間は、相手を自分のレベルまで引きずりおろすか、相手に危害を加えないと気がすまない。

だったら努力して相手に勝ればよいものをと思うのだが、ねたみのベクトルは非常にネガティブな方向へ向かう。それはあらゆる悪を生み出す母のようなもので、誰もハッピーにならないと福澤は言いきっている。

このあたりは、どんな時代になろうとも、人と人とが付き合っていく上で避けては通れない問題だろう。暗殺や暴力を否定したことは、今のビジネスの世界なら、適切な評価ができているか、あるいはセクハラやパワハラへの戒めにもつながっていく。

●男に都合のよい社会をバッサリ

この本が書かれた明治時代のはじめ、女性は、今なら想像もできないほど低い地位に置かれていた。江戸時代に書かれた『女大学』には、幼い時には両親に従い、嫁に行ったら夫に従い、老いたら子に従えと書いてあった。

その中の、「夫に従い」とはどういうことだと、第八編で福澤はかみついている。他にも「ぐうたらな亭主でも立てろ」など、男に都合のよいところを突いている。また、「子どもができないからと言って責めたり、離縁したりするとは、人間のやることとか」と批判している。

きっと、これを読んだ女性はずいぶんと勇気づけられたことだろう。

さらに当時は政治家や実業家などが妾を持つことはありふれた話だったが、これについても、獣と言われても仕方がないと言い切っている。

●出発点は男女が同じ数だけいること

福澤が考える新しい家庭像は、愛情、敬愛、思いやりによって一人の男性と一人の女性が結ばれるという感情的な結びつきが根底にあった。そのために女性の地位向上と、男女平等の実現を目指していた。けれども男女同権を説明しようにも、当時は「権利」という言葉すら、一般の人びとは理解できなかった。そこで彼は、第八編でも説いているように、「この世の中には同じ数の男女がいる。どちらがいなくても、一日たりとも回っていかない」という事実からわかりやすく説明を始めている。

●危機一髪、暗殺者から逃れる

ねたみが昂じると、人を殺害することもある。私怨からだけでなく、意見が対立する相手を消し去ってしまう暗殺というものが、明治時代には後を絶たなかった。国の法を無視して横行するこうした私闘を、福澤は第六編できびしく批判している。

福澤自身、暗殺されそうになったことがある。場所はあろうことか、故郷中津だ。一八七〇（明治三）年、中津に暮らしていた母と姪を連れて、東京へ帰る際のこと。日が暮れたので、船着き場のある鵜の島というところに泊まることにした。

ところがこの宿の主人は、仲間たちに「今夜、福澤が泊まる」と密通した。「福澤は、中津の若殿をアメリカに行かせようとしている。けしからん奴だ」と一部の連中が息巻いていたのだ。あの西洋かぶれに天誅を、というわけで暗殺者たちは宿へ集結するのだが、なんと、ここで「わしが先駆ける」「いや、俺が」の言い争いになった。さらに、それを聞きつけた別の泊まり客が「いや暗殺はいかん」と言い争っているうちに夜が明けてしまった。

福澤一行は、朝一番の船で鵜の島を離れ、命拾いをしたという。

3 学び続ける姿勢

江戸と明治、「身はひとつなのに二つの人生を生きた」という福澤は、激動の時代に一貫して学問をすすめた。平成と令和、私たちも今二つの時代をまたいだわけだが、昭和や平成で教育を受け、令和ではどう学んでいけばよいのだろうか。ことに働き方改革を背景に思案している皆さんも多いことだろう。

「蟻になるな」と、福澤は第九編で語りかけている。これは衣食が足りているだけで満足するなということで、併せて西洋の言葉も引用している。「世の中皆が満足しきって、ささやかな幸せに安住すれば、今の世界は誕生したときと何も変わらない」。だから、自らの人生を豊かにするだけでなく、周囲の人々、さらにはこの国の文明を進歩させるために、努力を続けなければならないという。三十代、四十代、さらには熟年期になっても、たゆまず学び続けるためのヒントを、福澤は身をもって示してくれる。

●学問を捨てるすすめ

世の中がどんどん変化し、ゲームのルールが変わっているときは、古いルールを捨て去り、変化できる能力が求められる。福澤は故郷中津で十二、三歳から打ち込んだ漢学中心の学びを、十九歳のときに方向転換した。黒船が来航して日本中が大騒ぎの中、砲術を学ぶためにオランダ語の原書を読む必要があると考えたのだ。そして、中津を出て長崎へ、さらに大阪へ向かった。ところがこんどは二十四歳のとき、横浜でオランダ語が通じず、グローバルスタンダードは英語だということに衝撃を受ける。そこから猛勉強をして、英語塾を開いた。学ぶより、学びを捨てるほうが難しい。せっかく苦労して学んだことだからと、私たちはそれに固執しがちだ。けれども、それは今、役に立つ学問か、つまり実学と言えるかと疑ってみれば、これから何をどう学んだらよいかが見えてはこないだろうか。

●自学自習と勉強会の組み合わせ

福澤の英語学習法は、今の生きた英語を習得する上でも役に立つ。大量の音読、単文の和訳、そして毎日続けるというものだ。最初彼は、東京小石川に英語塾を開いている幕府通詞の森山栄之助《もりやまえいのすけ》のもとに通った。けれども、森山が忙しすぎてほとんど学べず、発音を少々知っているという程度だったのであきらめることにした。

その後は辞書を探したり、自学自習をしたり、さらには同好の士と一緒に英語からオランダ語の訳にも挑戦したりした。そして英語はオランダ語と文法が似ていることに気が付いた福澤は、一気に英語もマスターした。

●カレーという言葉を最初に紹介

英語が話せることで渡米メンバーに大抜擢された福澤は、アメリカで買ってきた中国語・英語対訳の単語短文集をさっそく訳し、自らの注釈を添えて出版した。一八六〇（万延元）年に出た『増訂華英通語』である。

その中で、「カレー」という英単語に「コルリ」という発音を記し紹介している。福澤が実際にカレーを食べたかどうかはわからないが、日本でこの料理が普及しだすのはまだずっと先の時代。明治の後半からだと言われている。

●どんな環境でも勉強はできる

一八六八（慶応四）年、新銭座に塾を移してまもなく、上野で戊辰戦争が始まった。大砲が鳴り響く中、福澤はざわめく塾生たちに、席につくよう言った。そして砲声をものともせずに経済の講釈を続けた。その胆力もさることながら、動乱の先には必ず学問が必要になる時代がやってくると確信していたからできたことだろう。

学びはどんな境遇でもできると、第十編でも述べている。「粗末な服や質素な食事が何だ。（中略）学問は米をつきながらでもできるものである」と。

●朝食はパンにカフェオーレ

食事と言えば、食肉文化やパン食、乳製品の普及にも自ら率先して取り組んだのが福澤だった。それは単に好みというだけでなく、近代化を後押しするという意味もあったのだろう。

明治二十年代後半の福澤家の朝食メニューは、もっぱらパンにバター、カフェオーレもしくはミルクティーで、半熟卵がプラスされる日もあった。乳製品の普及にも福澤は一役買っていて、一八七〇（明治三）年に、発疹チフスを患った際、牛乳を飲んで回復したことがきっかけだという。

その後、牛乳を届けていた築地牛馬会社のリクエストで福澤は広告コピーを書いた。その中で「牛乳と濃く煎じたコーヒーを混ぜて飲むと、味がとてもよい」ということを書いている。これが日本でほぼ最初に紹介されたカフェオーレと言われている。

●福澤家ではライオンを飼っていた

といってもこれは老犬の名前で、「あいつは特別だ」と、飼い主も一目置いていたそうだ。福澤が日課の居合抜きの稽古をしていると、この犬は怖がらずにそばへやってきた。居合抜きで切りつけるマネをしても、ジロッと一瞥し、何食わぬ顔で寝そべっていた。この他福澤家では猫や馬など、いろいろな動物が飼われていたという。

●三越のライオン像

ライオンつながりでもうひとつ。福澤門下生のうち、実業界で名を馳せた人々を福澤山脈と呼ぶ。その一人が三越呉服店を日本で最初の近代的なデパートに発展させた日比翁助《ひびおうすけ》だ。この人は無類のライオン好きとして知られ、日本橋三越の正面にあの有名なライオン像を設置したことでも知られる。ちなみにこの像は、ロンドンにあるネルソン提督像を囲むライオンをモデルにしたと言われる。

また、日比は知り合いの外国人が長男をライオンと命名したことをうらやましく思い、次男に「雷音」と名付けた。「次に男の子が生まれたらタイガーと名付ける」と張り切っていたそうだが、それはかなわなかったようだ。

●学問やりなおしのすすめ

私たちは思っているよりも案外ヘマをやらかしたり、成功しなかったりする。そう、福澤は第十四編の冒頭で語っている。だから、事業がうまくいっているかどうか、ときどき自分の頭の中で足し算や引き算をしてみたほうがいい。商売で言えば、決算日の棚卸しのようなものだと続けている。

順調にいっていていかなくても、棚卸しをしてみることで、その時々に必要な学びというものもはっきりしてくるだろう。人は何度でも学問をやりなおすことができるのだ。

4 独立するということ

福澤は独立することの大切さを、あらゆる機会を通して訴え続けた人だ。これを今の私たちが受け止めるとするなら、会社を辞めて起業せよということだろうか。

もちろん、そういうことではない。誰かが何かをしてくれると思うのではなく、自分から周囲に働きかけていくことが大切だと言っているのだ。さらに言うと、仕事を通じて同時代に働きかけていくマインドを持つことにつながっていく。

「何をしてもらうか」ではなく、「自分に何ができるか」という気持ちを皆が持てば、社会はよい方向へいくということだろう。

●もうひとつのベストセラー

『学問のすすめ』の初版が出る半年ほど前、この本と並ぶ明治の二大ベストセラーのひとつが出版された。タイトルは『西国立志編』といい、啓蒙思想家の中村正直《なかむらまさなお》が、イギリスの社会思想家サミュエル・スマイルズが書いた『セルフ・ヘルプ（自助論）』を翻訳したものだ。

内容は西欧の歴史上の人物三百人あまりを紹介し、彼らを成功に導いた個人主義精神を説いたものだ。「天は自ら助くる者を助く」は、その冒頭の句として有名である。この自助努力を説いた内容が、明治時代の青少年に大きな影響を与えたと言われている。

●今だからこそ紐解きたい理由

しかし今日『学問のすすめ』と『西国立志編』では知名度においてかなりの差があると言わざるを得ない。両者の違いは、『学問のすすめ』第四編の、ある一文に記されているように思えてならない。

「ためしに今、イギリスへ行って『イギリスは独立を保っていけるでしょうか』などと聞いてみればいい。皆笑って取り合ってくれないはずだ。なぜ誰もまともに答えようとしないのか。それは、誰もそんなことを疑っていないからだ」

『西国立志編』の原書である『自助論』は、ゆるぎない独立を誇り、植民地政策をほしいままにしていた強国、イギリスで書かれたものだ。

対照的に、『学問のすすめ』を福澤が書いた頃の日本は、鎖国を解いて生まれたばかりの独立国だった。いつ列強の餌食になってもおかしくない赤子のような存在で、危機のさなかに書かれたのがこの『学問のすすめ』だったのだ。

個人、社会、国はひと続きになっていて、国民一人ひとりが独立することが、ひいては国の独立を支え、国格を高めていくことになる。それこそが、福澤の言う不羈独立だ。

そのためには常に学び続けることが必要で、批判的な思考力を磨き、広く交流を図ること。さらには変化に適応しながら、自ら行動していくことに他ならない。それはまさに、今、私たちに求められている二十一世紀スキルそのものではないだろうか。

参考文献

『学問のすゝめ』福沢諭吉 著 小泉信三 解説 岩波文庫
『学問のすゝめ』福沢諭吉 著 伊藤正雄 校注 講談社学術文庫
『学問のすすめ（いつか読んでみたかった日本の名著シリーズ①）』福沢諭吉 著 奥野宣之 現代語訳 致知出版社
『現代語訳　学問のすすめ』福澤諭吉 著 齋藤孝 訳 ちくま新書
『おとな「学問のすすめ」』齋藤孝 著 筑摩書房
『文明論之概略』福沢諭吉 著 松沢弘陽 校注 岩波文庫
『現代語訳　文明論之概略』福澤諭吉 著 齋藤孝 訳 ちくま文庫
『新訂 福翁自伝』福沢諭吉 著 富田正文 校注 岩波文庫
『独立自尊　福沢諭吉の挑戦』北岡伸一 著 講談社
『海舟語録』勝海舟 著 江藤淳・松浦玲 編 講談社学術文庫
『現代語訳 西国立志編 スマイルズの『自助論』』サミュエル・スマイルズ 著 中村 正直 編集・翻訳 金谷 俊一郎 現代語訳 ＰＨＰ新書
『近代日本メディア人物誌　創始者・経営者編』土屋礼子 編著 ミネルヴァ書房
『週刊ダイヤモンド』「超訳！　学問のすすめ」ダイヤモンド社（二〇一八年十二月二十二日号）

※順不同

[著者]

福澤 諭吉（ふくざわ・ゆきち）

啓蒙思想家、教育者。1835年1月10日（天保5年12月12日）生まれ。長崎遊学を経て、大阪の適塾に蘭学を学び、1858（安政5）年、江戸中津藩邸内に蘭学塾を開く（後の慶應義塾）。『西洋事情』『文明論之概略』『福翁自伝』などさまざまな書物を著し、封建の時代から日本が近代国家に生まれ変わるにあたり、個人が独立することの大切さを説いた。また、出版社や新聞社、社交クラブを創設し、日本に西洋の思想や精神を紹介し続けた。1901（明治34）年没。

[編訳者]

道添 進（みちぞえ・すすむ）

1958（昭和33）年生まれ。文筆家、コピーライター。国内デザイン会社を経て、1983（昭和58）年から1992（平成4）年まで米国の広告制作会社に勤務。帰国後、各国企業のブランド活動をテーマにした取材執筆をはじめ、大学案内等の制作に携わる。企業広報誌『學思』（日本能率協会マネジメントセンター）では、全国各地の藩校や私塾および世界各国の教育事情を取材し、江戸時代から現代に通じる教育、また世界と日本における人材教育、人づくりのあり方や比較研究など幅広い分野で活動を続けている。著書に『ブランド・デザイン』『企画書は見た目で勝負』（美術出版社）などがある。本シリーズでは『論語と算盤　モラルと起業家精神』『代表的日本人　徳のある生きかた』に続いて編訳。

学問のすすめ　独立するということ

2019年6月30日　初版第1刷発行

編訳者 —— 道添 進

発行者 —— 張 士洛

発行所 —— 日本能率協会マネジメントセンター

〒103-6009　東京都中央区日本橋2-7-1 東京日本橋タワー
TEL03（6362）4339（編集）／03（6362）4558（販売）
FAX03（3272）8128（編集）／03（3272）8127（販売）
http://www.jmam.co.jp/

装　　丁 —— IZUMIYA（岩泉卓屋）
本文DTP —— 株式会社森の印刷屋
印 刷 所 —— 広研印刷株式会社
製 本 所 —— 株式会社宮本製本所

ISBN 978-4-8207-3174-0 C0010
落丁・乱丁はおとりかえします。
PRINTED IN JAPAN

Contemporary Classics Series

【いまこそ名著】

論語と算盤
モラルと起業家精神

渋沢栄一
道添 進 編訳

覚悟を決めるのが唯一の方策。

代表的日本人
徳のある生きかた

内村鑑三
道添 進 編訳

信念を貫き、試練を乗り越えてきた
日本人の姿。